T0208781

essentials

essentials liefern aktuelles Wissen in konzentrierter Form. Die Essenz dessen, worauf es als „State-of-the-Art" in der gegenwärtigen Fachdiskussion oder in der Praxis ankommt. *essentials* informieren schnell, unkompliziert und verständlich

- als Einführung in ein aktuelles Thema aus Ihrem Fachgebiet
- als Einstieg in ein für Sie noch unbekanntes Themenfeld
- als Einblick, um zum Thema mitreden zu können

Die Bücher in elektronischer und gedruckter Form bringen das Expertenwissen von Springer-Fachautoren kompakt zur Darstellung. Sie sind besonders für die Nutzung als eBook auf Tablet-PCs, eBook-Readern und Smartphones geeignet. *essentials:* Wissensbausteine aus den Wirtschafts-, Sozial- und Geisteswissenschaften, aus Technik und Naturwissenschaften sowie aus Medizin, Psychologie und Gesundheitsberufen. Von renommierten Autoren aller Springer-Verlagsmarken.

Weitere Bände in der Reihe http://www.springer.com/series/13088

Reinhard Ematinger · Sandra Schulze

Produkte und Services vom Kunden aus denken

Einführung in den
Customer Jobs Canvas

Reinhard Ematinger
Heidelberg, Deutschland

Sandra Schulze
Heidelberg, Deutschland

ISSN 2197-6708   ISSN 2197-6716   (electronic)
essentials
ISBN 978-3-658-20924-7   ISBN 978-3-658-20925-4   (eBook)
https://doi.org/10.1007/978-3-658-20925-4

Die Deutsche Nationalbibliothek verzeichnet diese Publikation in der Deutschen Nationalbibliografie; detaillierte bibliografische Daten sind im Internet über http://dnb.d-nb.de abrufbar.

Springer Gabler
© Springer Fachmedien Wiesbaden GmbH, ein Teil von Springer Nature 2018

Das Werk einschließlich aller seiner Teile ist urheberrechtlich geschützt. Jede Verwertung, die nicht ausdrücklich vom Urheberrechtsgesetz zugelassen ist, bedarf der vorherigen Zustimmung des Verlags. Das gilt insbesondere für Vervielfältigungen, Bearbeitungen, Übersetzungen, Mikroverfilmungen und die Einspeicherung und Verarbeitung in elektronischen Systemen.
Die Wiedergabe von Gebrauchsnamen, Handelsnamen, Warenbezeichnungen usw. in diesem Werk berechtigt auch ohne besondere Kennzeichnung nicht zu der Annahme, dass solche Namen im Sinne der Warenzeichen- und Markenschutz-Gesetzgebung als frei zu betrachten wären und daher von jedermann benutzt werden dürften.
Der Verlag, die Autoren und die Herausgeber gehen davon aus, dass die Angaben und Informationen in diesem Werk zum Zeitpunkt der Veröffentlichung vollständig und korrekt sind. Weder der Verlag noch die Autoren oder die Herausgeber übernehmen, ausdrücklich oder implizit, Gewähr für den Inhalt des Werkes, etwaige Fehler oder Äußerungen. Der Verlag bleibt im Hinblick auf geografische Zuordnungen und Gebietsbezeichnungen in veröffentlichten Karten und Institutionsadressen neutral.

Gedruckt auf säurefreiem und chlorfrei gebleichtem Papier

Springer Gabler ist ein Imprint der eingetragenen Gesellschaft
Springer Fachmedien Wiesbaden GmbH und ist Teil von Springer Nature
Die Anschrift der Gesellschaft ist: Abraham-Lincoln-Str. 46, 65189 Wiesbaden, Germany

Was Sie in diesem *essential* finden können

- Wertvolle Impulse zum Nutzen der veränderten Spielregeln und zum strukturierten ‚Übersetzen' Ihrer guten Ideen in Produkte und Dienstleistungen.
- Brauchbare Werkzeuge wie das *Customer Jobs Canvas* zum Erstellen, Diskutieren und Testen Ihrer ‚vom Kunden aus' gedachten Produkte und Dienstleistungen.
- Aktuelle Fragestellungen und echte Beispiele, die den theoretischen Ansatz und das praktische Vorgehen verständlich und greifbar machen.

Inhaltsverzeichnis

Über die Autoren

Dr. Reinhard Ematinger, Experte für Geschäftsmodellinnovation, Heidelberg, hoi@ematinger.com, www.ematinger.com.

Diplom-Designerin Sandra Schulze, Graphic Recorder und Illustratorin, Heidelberg, info@sandraschulze.com, www.sandraschulze.com.

Einleitung 1

Ein immer dynamischeres Spielfeld eröffnet Unternehmen unterschiedlicher Branchen und Größen sensationelle neue Chancen – und bringt auch ernsthafte neue Risiken mit sich: Die Chance, inspirierenden Kundennutzen von Grund auf neu zu denken, sauber zu konzipieren, in die Tat umzusetzen mit alten und neuen Kunden zufriedenstellende Erlöse zu generieren. Das Risiko, bei bisherigen Kunden den Anschluss zu verlieren, weil sich neue Wettbewerber mit größerem wahrnehmbaren Nutzen für ihre Kunden auf das Spielfeld begeben.

Digitale Angebote verändern den Markt seit Jahren, und sie verändern die Erwartungen der Kunden mit zunehmendem Tempo. Unternehmen, die es verpassen, die neuen Spielregeln für sich zu nutzen, verlieren Kunden und früher oder später möglicherweise ihr gesamtes Business. Unternehmen, denen es gelingt, die Spielregeln für sich und ihre Wettbewerber neu zu schreiben, sind beinahe unverwundbar. Wer bisherige Regeln nicht als gegeben hinnimmt, sondern neu definiert, wird mit Aufmerksamkeit und Erlösen belohnt. „Die Spielregeln so lange neu schreiben, bis man gewinnt", nennt das ein befreundeter Entrepreneur aus Berlin. Und täglich erinnern uns unter anderem Produkte aus Fernost daran, dass unsere eher willkürlichen Definitionen von „adressierbarem Markt", „Nische", „Kundensegment" oder „Premiumprodukt" langsam obsolet werden.

Deshalb halten wir es für sinnvoll, sich weniger auf vergängliche technische Vorzüge von Produkten und für unsere Kunden kaum relevante Details von Dienstleistungen zu fokussieren, sondern darauf, wie echter Nutzen für Kunden geschaffen und wahrgenommener Wert erhöht werden kann.

Zhang Ruimin, CEO von Haier, beschreibt in seiner Rede „Rendanheyi 2.0: Building an Ecosystem to Co-create and Win Together" anlässlich des Haier Global Forum on Business Model Innovation die 2005 implementierte Version 1.0 des Konzeptes von ‚Rendanheyi': ‚Ren' meint die Mitarbeiter des Konzerns,

© Springer Fachmedien Wiesbaden GmbH, ein Teil von Springer Nature 2018
R. Ematinger und S. Schulze, *Produkte und Services vom Kunden aus denken*, essentials, https://doi.org/10.1007/978-3-658-20925-4_1

,dan' die Kunden und Nutzer, und die Kombination ,Rendanheyi' beschreibt die Verbindung der beiden Gruppen (Ruimin 2015). Zhang Ruimin wies darauf hin, dass viele seiner Führungskräfte und Mitarbeiter scheinbar einfache Fragen wie „Wer ist Ihr Kunde?" und „Was ist der Wert, den Sie für Ihren Kunden schaffen?" oft nur mit Schwierigkeiten beantworten können.

Genau damit beschäftigen wir uns in diesem Buch: Mit diesen Fragen und den möglichen Antworten, die in ,von Kunden aus' gedachten und gestalteten Produkten und Dienstleistungen resultieren.

Warum es sich für Sie lohnt, ,vom Kunden aus' zu denken

2

Worum geht es uns? Wir wollen Sie mit diesem Buch dabei unterstützen, mit Tempo und Struktur wieder ,vom Kunden aus' zu denken und Ihre guten Ideen für Produkte und Dienstleistungen weniger von ihren *functions and features* und mehr vom potenziellen Kunden aus zu betrachten. Durch den mit strukturiertem Vorgehen und klarem Format vorgenommenen ,Dreh' der Betrachtung vermeiden Sie, Angebote zu skizzieren, die niemand braucht. Abb. 2.1 illustriert diesen ,Dreh' der Betrachtung.

Wir laden Sie ein, die unscharfen Begriffe ,Innovation', ,Design', ,Kundenbedürfnis', ,Nische' und ,Kundenorientierung' bis zum Ende des Buches gedanklich beiseite zu legen und mit uns gemeinsam den Fokus auf das, was Kunden ,erledigt haben wollen', zu legen: Darauf, was deren zu lösende Aufgaben sind, und darauf, was sie als bessere Antworten auf ihre Fragen und Probleme empfinden. Unabhängig von *functions and features*.

Das in den folgenden Kapiteln beschriebene Vorgehen und die Werkzeuge wie das *Customer Jobs Canvas'* werden Sie dabei begleiten, Produkte und Dienstleistungen zu schaffen, die Kunden auch kaufen wollen. Damit haben Sie mehr Freude am Skizzieren, Diskutieren und Testen neuer Angebote, machen Ihre künftigen Ergebnisse planbarer und Ihre Produkte und Dienstleistungen profitabler.

© Springer Fachmedien Wiesbaden GmbH, ein Teil von Springer Nature 2018
R. Ematinger und S. Schulze, *Produkte und Services vom Kunden aus denken*,
essentials, https://doi.org/10.1007/978-3-658-20925-4_2

Abb. 2.1 Betrachtung aus Sicht der Lieferanten oder Kunden?

2.1   Was für Gegenwind sorgt

Durch einen ‚Dreh‘ der Betrachtung Ihres Angebotes vom Blick des Herstellers zum Blick des Kunden vermeiden Sie, Angebote zu gestalten, die niemand braucht. Auf den ersten Blick eine schlichte Weisheit auf Poesiealbums-Niveau. Auf den zweiten und dritten Blick ein wenig aufwendiges Gedankenexperiment, zu dem wir Sie in mit den folgenden Gedanken gerne einladen – wohl wissend, dass Sie dabei wie in Abb. 2.2. illustriert Gegenwind erwarten dürfen. Wir haben fünf davon zusammengestellt und beschrieben.

Abb. 2.2 Fünf Gründe für Gegenwind

Gut gemeint und nicht immer hilfreich: Gewohnte Betrachtungen des Phänomens „Kunde" hindern uns daran, wirklich brauchbare Antworten zu finden
Werkzeuge aus Design Thinking wie die Persona einerseits und der von uns vorgeschlagene Ansatz des ‚vom Kunden aus' Denkens andererseits schließen einander nicht grundsätzlich aus. Warum auch? Was hindert uns, mit mehr als nur einem Format auf das unbestritten wichtige Thema loszugehen? Machen Sie das und verwenden Sie das, was für Sie funktioniert. Das ist das einzige relevante Kriterium.

Wir führen keine Glaubenskriege mit Design-Thinking-Profis, sondern laden zu Werkzeugen und Vorgehen ein, die Sie unterstützen sollen, brauchbare Antworten zu finden. Den Mehrwert gegenüber einer Persona-Darstellung sehen wir dennoch.

Die Persona hat eine Menge positiver Effekte und Nebeneffekte, aber sie beantwortet unserer Meinung nach die Frage, warum Kunden kaufen, zu unvollständig: Das *Was* wird eventuell beantwortet, das *Wie viel* ebenfalls, aber eben nicht das *Warum*. Sie lesen die oft unvollständigen Angaben der Persona und füllen diese mit Ihren eigenen Annahmen, die nicht unbedingt die Realität Ihrer Kunden widerspiegeln. Mögliche Antworten darauf führen entweder zu mehr Aufwand in Form einer immer detaillierteren und komplexeren Beschreibung einer Persona, oder es bleiben größere Lücken, die einen gedanklichen Transfer in Ihre Realität und die Ihrer Kunden schwierig machen.

‚Versunkene' Kosten sind nicht rückgängig zu machen: Dieser Umstand hindert uns daran, Produkte und Dienstleistungen neu zu denken
Es ist ein wenig unanständig, das Unternehmen Kodak und die Entscheidungen seiner Führungskräfte immer wieder als besonders denkwürdiges Beispiel hervorzuzerren, aber das unter Gründern und Business-Development-Experten „Kodak Moment" genannte Phänomen kann tatsächlich ein Wegweiser sein: Mitte der Siebzigerjahre erfand ein Kodak-Ingenieur die Digitalkamera. Was damit geschah? Herzlos betrachtet – nichts.

Die Idee wurde sorgsam in der Schublade verstaut, da das Management argumentierte, dass sich eine Digitalkamera durchaus verkaufen ließe, aber Kodak das nicht tun sollte. Warum? Weil Kodak damals viel Geld mit dem Verkauf von analogen Farbnegativfilmen verdiente. Das Ende ist bekannt: 2012, etwa vierzig Jahre nach der Erfindung der ersten Digitalkamera, meldete Kodak Insolvenz an – die Kunden benötigen analoges Filmmaterial nicht mehr (Wirtschaftswoche 2012).

Ein ähnlicher Beinahe-Unfall passierte dem renommierten Hersteller Leica, dessen damaliger CEO in einem Spiegel-Interview 2004 verkündete, dass „die

Digitaltechnik auf Masse setzt […] und nur ein Intermezzo ist." Seine damalige Prognose: „In spätestens 20 Jahren werden wir sicher mit anderen Technologien als heute fotografieren. Aber den Film wird es dann immer noch geben." (Der Spiegel 2004). Leica wurde 2006 vom Mehrheitseigner Hermès verkauft, der Investor Blackstone stieg 2011 ein.

Schumpeter wies uns den Weg: Die Beschleunigung der Schöpferischen Zerstörung hindert uns daran, im Rennen um Kunden mithalten zu können
Richard Foster, Dozent an der Yale School of Management, nahm 2015 den Standard & Poor's 500 – ein Index, der Aktien der 500 größten Unternehmen in den USA beinhaltet – unter die Lupe und stellte fest, dass diese Unternehmen Anfang des 20. Jahrhunderts im Durchschnitt knapp 70 Jahre alt wurden. Heute beträgt die durchschnittliche Lebensdauer 15 Jahre, und alle zwei Wochen verschwindet ein Standard & Poor's-Unternehmen vom Markt.

Die Tageszeitung *Die Presse* schreibt dazu, dass „2027 drei Viertel der Top 500 durch neue ersetzt werden" und das geschehe aus mehreren Gründen (Die Presse 2015). Einer davon ist, dass es noch nie einfacher war, Produkte zu konzipieren und zu realisieren und dafür Kunden zu finden. Das erhöht die Geschwindigkeit, mit der innovative Angebote die Verkaufszahlen traditioneller Unternehmen beeinträchtigen und deren Produkte oder gar Geschäftsmodelle vollständig ersetzen.

Genau das meinte Schumpeter mit dem Prinzip der schöpferischen Zerstörung: Wo etwas verschwindet, entsteht etwas Neues. Netflix, Apple TV und Amazon Prime Video machen den Kauf von Videos genauso überflüssig wie Apple Music und Spotify den Erwerb einzelner Musikstücke: Im Konsumgütergeschäft haben wir Privatkunden nicht deutlich mehr zeitliche „Kapazität" zum Hören von Musik oder Sehen von Filmen – ein Angebot gewinnt, das andere verliert.

Wessen Meinung wirklich zählt: Unser Blick auf unser Angebot hindert uns daran, Wettbewerber und Partner mit anderen Augen zu sehen – mit denen der Kunden
Von *functions and features* aus zu denken hilft nur bedingt, wenn es darum geht, neue Produkte und Dienstleitungen zu positionieren, sich gegenüber dem Wettbewerb abzugrenzen und mit Partnerunternehmen ergänzende Angebote zu konzipieren.

Die technischen Daten von Tablets wie Apples *iPad* oder Lenovos *Tab* unterscheiden sich zweifellos enorm von denen eines üblichen Laptops oder gar stationären Computers. Deutlicher wichtiger für die Positionierung dieser Produkte und unzähliger ergänzender Hardware- und Softwareprodukte sowie Services ist jedoch die Frage, wie aktuelle und künftige Kunden die Wettbewerber und Partnerunternehmen sehen. Konkurriert der Tablet Computer mit einem Laptop, einem Smartphone, einem gebundenen Notizbuch oder einer gut sortierten Aktentasche?

Ergänzen sich analoge Notizbücher und digitale Kalender auf den zweiten Blick gut, wie es der *Smart Planner* von Moleskine zeigt (Moleskine 2017)? Sind Chemie- und Pharmaunternehmen bereit, Daten über den Zustand ihrer Anlagen mit Lieferanten und Partnern auszutauschen, um Wartungsarbeiten besser planen und Anlagenstillstände reduzieren zu können, wie es der Messtechnik-Spezialist Endress+Hauser anbietet (Endress und Hauser 2017)? Ihre Kunden entscheiden das, mit ihrer jeweiligen subjektiven Sicht der Vor- und Nachteile Ihres Angebotes.

‚Studium' der Erwartungen der Kunden: Der Glaube an ‚Kundenbedürfnisse' als eine gute Abkürzung hindert uns daran, unsere Produkte oder Services ‚vom Kunden aus' zu denken
Der Erfolg von Premiumherstellern einerseits und Discountern andererseits ist ein Zeichen. Ein Zeichen dafür, dass die dritte Option, die zwischen Differenzierung und Kostenführerschaft, für Hersteller und Dienstleister eher unbequem ist. Diese Position ‚zwischen den Stühlen' – die Michael Porter blumig als „Kuss des Todes" beschreibt – wird kaum zu nachhaltig guten Ergebnissen führen (HBS 2017).

Palm, Motorola, Nokia und Research in Motion wurden seit Jahren so oft für diese unerfreulichen Entwicklungen in den Zeugenstand gerufen, dass wir und Sie diese Anekdoten bestimmt nicht mehr hören können.

Trotzdem sind sie gute Beispiele für zwei Phänomene. Erstens ist ‚weder Differenzierung durch Premium-Angebot noch preiswertes Angebot dank Kostenführerschaft' keine dauerhaft gewinnbringende Strategie: Unter ‚Premium' verstehen wir eine spürbare Differenzierung durch überragenden Wert oder Nutzen für die Zielgruppen, und mit ‚preiswert' meinen wir, eine Balance aus Preis und zumindest akzeptablen Nutzen für die anvisierten Zielgruppen zu schaffen. Weder den einen noch den anderen Weg einzuschlagen sorgt in der Regel dafür, dass Produkte, Dienstleistungen und Marken eher früher als später vom Markt verschwinden. Zweitens tappen Anbieter oft in die Falle, eine Orientierung an den aktuellen Erwartungen der Kunden an ein Angebot mit den ‚zu lösenden Aufgaben' der Kunden zu verwechseln. Ersteres sorgt für „schnellere Pferde", wie Henry Ford die Erwartungen der Kunden an Fortbewegung beschrieb, letzteres sorgt für ‚vom Kunden aus' gedachte Angebote, die gut zu kommunizieren und zu verkaufen sind.

2.2   Was für Rückenwind sorgt

Für den im Abschn. 2.2. erwähnte ,Dreh' der Betrachtung Ihres Angebotes vom Blick des Herstellers oder Dienstleisters zum Blick des Kunden gibt es nicht nur Gegenwind, sondern auch wie in Abb. 2.3 illustriert brauchbare Unterstützung, die Ihre ersten Schritte beschleunigen kann. Wir haben auch dafür fünf Punkte zusammengetragen.

Sie sind nicht alleine: Die Idee, strukturiert ,vom Kunden aus' zu denken, ist weder besonders neu noch ein abenteuerliches theoretisches Konzept
Je nach Betrachtung gehen die Wurzeln des ,vom Kunden aus'-Denkens mehr als 70 Jahre zurück auf Joseph Schumpeter. Sein Werk *Capitalism, Socialism and Democracy* führt in die im Abschn. 2.2 erwähnte Schöpferische Zerstörung ein und beschreibt, wie neue Innovationen den etablierten Unternehmen zuerst Kunden klauen und sie möglicherweise vom Markt verdrängen und ersetzen (Schumpeter 1942). Was möglicherweise weniger bekannt ist: Schumpeter stellte bereits in den Vierzigerjahren fest, dass Innovation von nahezu überallher auftauchen kann, nicht nur von den dem eigenen Angebot ähnlichen Produkten und Dienstleistungen. Unternehmen, die ernsthaft annehmen, sie wären mit ihrem Angebot alleine am Markt, den sie beherrschen, werden früher oder später konfrontiert mit Ereignissen, deren Signale sie nicht wahrgenommen haben; mit neu eintretenden Wettbewerber, die sie nicht im Entferntesten als solche identifiziert haben; und mit Produkten und Dienstleistungen, die zum Zeitpunkt der Marktbeobachtung noch nicht erfunden waren.

Abb. 2.3 Fünf Gründe für Rückenwind

Clayton Christensen gab dem Phänomen 1995 im Harvard-Business-Review-Artikel *Disruptive Technologies: Catching the Wave* einen Namen und mit den wenige Jahre später erschienenen Büchern *The Innovator's Dilemma* und *The Innovator's Solution* brachte er der Idee des ‚vom Kunden aus'-Denkens erstmals auf einen Nenner und prägte den Begriff *Jobs to be Done* (Bower und Christensen 1995; Christensen 1997; Christensen und Raynor 2003).

Richard Foster und Sarah Kaplan griffen in ihrem 2001 erschienenen Buch *Creative Destruction* Schumpeters Theorie auf und stellten fest, dass die Lebensdauer von Unternehmen unter anderem dadurch bestimmt ist, wie gut sie in der Lage sind, die Bedürfnisse ihrer Kunden zu decken (Foster und Kaplan 2001). Sie sind in guter Gesellschaft!

Keine weitere Sternschnuppe: ‚Vom Kunden aus' denken wird lange leben, weil es sich auf Fragen und Antworten jenseits kurzlebiger Trends konzentriert
Der Harvard-Professor Clayton Christensen hat mit seinem 2016 erschienenen Buch *Competing Against Luck – The Story of Innovation and Customer Choice* ein Standardwerk geschaffen, über das das Handelsblatt berichtete, dass „Christensen weiß, wovon er schreibt: Er prägte einst auch den Begriff des ‚Innovator's Dilemma' für Unternehmen, die zu lange an der Innovation festhalten, die sie erfolgreich gemacht hat – und so die nächste Welle verpassen." (Christensen 2016a; Demling 2016). Spätestens damit hat er, neben Alan Klement, dessen E-Book *When Coffee and Cale Compete* ebenfalls 2016 erschien, die Fundamente und die Praxis von *Jobs to be Done* nicht nur einem größeren Publikum nahegebracht, sondern auch Tür und Tor zu spannendem Austausch geöffnet (Klement 2016). Damit wird ein Dialog zur Frage, *warum* Kunden kaufen, möglich: Darüber, was in der Praxis funktioniert, welche Ansätze hilfreich sind, welche Hürden auftauchen und welche Formate es braucht.

Es ist nicht übertrieben festzustellen, dass keiner der Großväter und Väter des Ansatzes seine jeweilige Sicht eigennützig verbreitete, um MBA-Kurse zu füllen, Buchverkäufe anzuheizen oder endlich ein flottes Thema für seine Doktorarbeit zu finden: Es waren und sind Praktiker, die die Idee von *Jobs to be Done* für die Entwicklung ihrer Unternehmen umsetzten und beschrieben – auch, um Entscheidungen zu treffen, welche Kundensegmente besonders attraktiv sind, auf welche Märkte es sich zu fokussieren lohnt und wie sie eine gute Verbindung mit ihren Interessenten und Kunden schaffen.

Von diesen aktuellen Erfahrungen lernen wir und Sie – und diese Erfahrungen sind zeitlos, da sie sich weniger mit kurzlebigen technischen Antworten, sondern mit der Motivation unserer Kunden beschäftigen.

Eins plus eins ergibt drei: ‚Vom Kunden aus' denken und die systematische Arbeit am eigenen Geschäftsmodell schließen einander nicht aus
Wenn Sie bereits mit dem Denken in Geschäftsmodellen vertraut sind, erste belastbare Entwürfe oder in der Realität getestete Beschreibungen Ihres aktuellen und vielleicht künftigen Geschäftsmodelles erarbeitet haben, sind das perfekte Grundlagen für die nächsten Schritte. Die Beschäftigung mit dem, welche Aufgaben unsere Kunden ‚erledigt haben wollen' und die Struktur unseres *Customer Jobs Canvas'* dockt nahtlos an den wichtigsten Feldern „Customer Segments" und „Value Propositions" des *Business Model Canvas* von Alexander Osterwalder an (Osterwalder und Pigneur 2010). Mit jedem im *Business Model Canvas* als wichtig identifiziertem Kundensegment gehen wir in die Tiefe.

Eine Auflistung an Value Propositions beantwortet unserer Meinung nach die Frage, *warum* Kunden kaufen, nicht wirklich ausreichend – und vor allem nicht so eindeutig, dass daraus umsetzbare Schritte abgeleitet werden können. Daher erlauben wir uns, genauer nachzufragen: Neben den beobachtbaren Aufgaben betrachten wir die emotionalen und sozialen Aufgaben der Kunden im Detail.

Wir fragen, was Kunden zu einer möglichen neuen Lösung hin zieht und von einer neuen Lösung abhält. Wir fragen, welche alternativen Produkte und Dienstleistungen Kunden bisher wählten, und warum sie diese wieder abwählten. Die positive Nebenwirkung dieser Arbeit ist, dass Sie damit wie nebenbei eine Vorlage für die Kommunikation des Nutzens Ihres Angebotes für eine klar definierte Zielgruppe skizzieren.

Wir füllen Lücken in unserer Wahrnehmung: Warum Design Thinking und ‚vom Kunden aus' denken einander brauchen
Werkzeuge wie die Persona erwähnten wir im Abschn. 2.1 bereits. Warum beantwortet unserer Meinung nach eine Kombination aus Werkzeugen aus Design Thinking die wichtige Frage, *warum* Kunden kaufen, nicht vollständig? Wir rufen dazu den Psychologen und Nobelpreisträger Daniel Kahneman in den Zeugenstand. Er hat die Abkürzung WYSIATI geprägt: *What you see is all there is.* Damit beschreibt er den Umstand, dass unser Unterbewusstsein aus wenigen Informationen eine plausible Geschichte konstruiert und damit unserem Bewusstsein präsentiert (Schurenberg 2017).

Dieses *what you see is all there is* hält uns zugleich am Laufen und führt uns aufs Glatteis. Wir bauen blitzschnell eine möglichst ‚sinnvolle' Geschichte und nutzen dafür kleine Informationshappen und Erfahrungen. Dabei spielen Fakten und Plausibilität keine große Rolle – was bedeutet, dass wir uns selbst eine Geschichte präsentieren, und unser Bewusstsein diese Geschichte ungefragt glaubt. Für das Unterbewusstsein ist es deutlich angenehmer, wenn möglichst wenige

Informationen vorliegen. Dazu kommt, dass wir nicht vorhandene Informationen so oder so nicht verarbeiten können.

Daher haben Personas neben vielen Vorteilen auch einen negativen Effekt auf die Arbeit in Teams und in Organisationen: Wir lesen die Angaben der Persona und füllen die Lücken mit unseren eigenen persönlichen Annahmen über das Verhalten unserer Kunden. Wenn Sie mit gut strukturierten Werkzeugen versuchen, ‚vom Kunden aus' zu denken, füllen Sie diese Lücken mit sinnvollen Informationen.

Über Problemräume und Lösungsräume: Mit passenden Formaten die Phasen ‚Ideen finden' und ‚Ideen verdichten' trennen führt zu umsetzbaren Geistesblitzen
Klassisches Brainstorming führt selten zu umsetzbaren guten Ideen. Wenn Sie bei der Frage nach der Motivation Ihrer Kunden die Phase der Ideengewinnung von der der Ideenverdichtung sauber trennen, geben Sie die richtigen Signale, wonach Sie fragen: Bei der Ideengewinnung wünschen Sie Quantität: hunderte oder tausende Rohideen, warum Kunden kaufen, um zu 5, 10, 15 tatsächlich umsetzbaren Ideen zu kommen.

In der Phase der Ideenverdichtung sortieren und kombinieren Sie nun die vielen Rohideen zu praktisch brauchbaren Ideen – da geht es um Qualität. Nadja Schnetzler, Gründerin der Schweizer Ideenfabrik Brainstore, beschreibt in ihrem Buch *Die Ideenmaschine* das Vorgehen sehr gut (Schnetzler 2008). In der Phase der Ideengewinnung stehen Ihnen allzu strikte Vorgaben und aufwendige Formate im Weg und schränken das gemeinsame Entwickeln von Ideen eher ein. Hier braucht es einen offenen Rahmen und spielerische, motivierende, anregende Formate. In der Phase der Ideenverdichtung – des Filterns, Sortierens und geschickten Kombinierens von Rohideen – braucht es einen verständlichen und schnell zu erklärenden Rahmen. Hier ist eine Struktur gefragt, um die vielen Inspirationen weiter bearbeitbar zu machen. Sie wollen Ergebnisse, nicht nur hunderte oder tausende rohe Ideen.

Für diese Ergebnisse sorgen Canvasse wie das im Buch *Von der Industrie 4.0 zum Geschäftsmodell 4.0* ausführlich beschriebene *Business Model Canvas* und das im Kap. 4 dargestellte *Customer Jobs Canvas* (Ematinger 2017).

Wie Sie die Aufgaben Ihrer Kunden beschreiben

3

Warum sollten Sie sich mit den Aufgaben Ihrer Kunden beschäftigen – also mit dem, was Ihre Kunden ‚erledigt haben wollen'? Weil Lösungen – ob technisch oder organisatorisch, ob per App oder Dienstleistung, ob von Personen oder Drohnen geliefert, ob aus der Cloud oder vom Laptop – kommen und gehen. Die Aufgaben Ihrer Kunden und Nutzer aber bleiben gleich: Wir dürfen annehmen, dass sich Ägypter wie Römer bereits die Frage stellten, wie Dokumente sicher und schnell von A nach B gelangen. Das ist die Aufgabe: Dokumente sollen verlässlich und flott von A nach B kommen.

Das ist nicht die Lösung, nicht die Umsetzung, und nicht die Aktivität. Das ist die Frage. Und die stellt sich heute genau wie vor abertausenden Jahren: wie gelangen Dokumente sicher und schnell von A nach B? Die damalige Lösung: Ein berittener Bote. Die etwas zeitgemäßeren Lösungen lauten versicherter Versand via Post oder Kurierdienst, Faxübertragung mit Pin-Code, sichere Mailverbindung mit Signatur, oder ein Download mit zweifacher Verschlüsselung. Lösungen ändern sich schneller, als Sie dieses Buch zu Ende lesen können – die Aufgaben Ihrer Kunden aber bleiben gleich.

Um Kunden etwas anbieten zu können, wofür sie gerne Geld und Aufmerksamkeit investieren, ist es enorm hilfreich, nicht reflexartig eine Antwort zu formulieren, bevor Sie sicher sind, die Frage dahinter verstanden haben. Mit Ideation-Methoden wie Design Thinking lernen und erfahren Sie genau diese Fertigkeit: Sie treten einen Schritt zurück und fragen sich nochmals, ob Sie überhaupt die richtigen Fragen formuliert haben, bevor Sie Ihre guten Ideen sammeln, verdichten und filtern.

© Springer Fachmedien Wiesbaden GmbH, ein Teil von Springer Nature 2018   13
R. Ematinger und S. Schulze, *Produkte und Services vom Kunden aus denken*, essentials, https://doi.org/10.1007/978-3-658-20925-4_3

3.1   Der Hintergrund

Wie beschreiben Sie eine Aufgabe Ihrer Interessenten und Kunden – im Gegensatz zu einer Tätigkeit, zu alten oder neuen Lösungen, zur Funktionalität eines Produktes oder zum Bestandteil einer Dienstleistung?

Wie finden, dass die folgenden Kriterien zutreffen sollten, um zu einem Ergebnis zu kommen, das Ihnen und Ihren Kunden auch tatsächlich nützt, und haben zur ersten Orientierung vier Punkte gesammelt:

Aufgaben beschreiben keine detaillierten Aktivitäten
Die Brauchbarkeit dieses Ansatzes besteht nicht in der detaillierten Beschreibung der Aktivitäten unserer Kunden in fünf-Minuten-Schritten. Diese haben nicht immer mit der zu erledigenden Aufgabe zu tun und sind nur wenig hilfreich dafür, die ‚Frage hinter der Frage' zu entdecken und passende Antworten zu entwickeln. Abb. 3.1 illustriert den Unterschied von Aufgaben und Aktivitäten.

Zum Beispiel ist „mit der Bahn nach Duisburg reisen" die Beschreibung einer Aktivität, die nichts über die Frage dahinter und nichts über die eigentliche Aufgabe, die jemand lösen möchte, aussagt. Wir wissen im Moment noch nichts darüber, warum diese Person mit der Bahn reist, in welchem Kontext sie ihre Entscheidung getroffen hat und welche Alternativen sie aus welchem Grund nicht wählte. „Ich möchte entspannt von Heidelberg nach Duisburg gelangen" ist hingegen eine Aufgabe. Noch ist keine Lösung dafür gefunden, sondern nur die Aufgabe formuliert.

Abb. 3.1   Aufgaben sind keine Aktivitäten im Detail

Im Abschn. 3.2 finden Sie jeweils fünf Beispiele zur Beschreibung der Aufgaben zuvor identifizierter Kundensegmente. Die Beispiele sind wie die betrachteten Lieferanten und Kunden real, aber anonymisiert.

Aufgaben beschreiben nicht die gefundene Lösung für ein Problem
Sie verschenken in der strukturierten Ideenfindung für ‚vom Kunden aus' gedachte Produkte und Dienstleitungen gute Ansätze, wenn Sie Frage und Antwort nicht sauber auseinanderhalten. Was wie eine eher schlichte Bauernregel klingt, ist eine in der Realität gerne genommene Abkürzung. Nur, dass diese Abkürzung nicht zum Ziel führt, sondern zu Endlosschleifen. Abb. 3.2 illustriert den Unterscheid von Aufgaben und Lösungen.

„Zuerst die Bahn und dann ein Taxi nehmen, um nach Duisburg zu reisen" ist die Lösung, also die Antwort. Die Frage dahinter bleibt immer noch im Dunklen, ebenso wie der Kontext: Wie sieht beispielsweise der zeitliche und der finanzielle Rahmen aus?

Im Kap. 4 lesen Sie, wie Sie mit System und Struktur die funktionalen Aufgaben Ihrer wichtigsten Kunden in Ihr Angebot ‚übersetzen', ebenso deren emotionale und soziale Aufgaben. Der jeweilige Kontext wird deutlich, und die Kräfte, die Ihre Kunden zur Lösung hin oder von der Lösung weg bewegen. Dann – und erst dann – ist der richtige Zeitpunkt, um Lösungen zu skizzieren und zu diskutieren.

Aufgaben benötigen eine sinnvolle Ebene der Betrachtung
Um zu einer brauchbaren Betrachtungsebene zu kommen, ist es sinnvoll zu beschreiben, wie und womit Ihre Kunden ihre Aufgaben in der Vergangenheit lösten

Abb. 3.2 Aufgaben sind nicht die Lösung

oder wie sie diese in der Zukunft eventuell lösen könnten. Das hilft enorm dabei, einschränkende und wenig nützliche Betrachtungen zu vermeiden: Nämlich die, dass Sie ausschließlich das beschreiben, was Ihre Kunden im Moment tun oder welche Produkte oder Dienstleistungen sie dafür nutzen. „Niemand wird gutes Geld dafür zahlen, um in einer Stunde von Berlin nach Potsdam zu kommen, wenn er in einem Tag mit dem Pferd umsonst dorthin kommen kann" war die für künftige Innovationen in der Personenbeförderung wenig hilfreiche Antwort des Preußenkönigs Wilhelm I auf die wenige Jahre zuvor in Deutschland eingeführte Eisenbahn. Abb. 3.3 illustriert unser Verständnis einer Betrachtungsebene.

„Im Wagen 11 des ICE 2216 den Platz 48 ansteuern, dabei die in letzter Minute veränderte Zugreihenfolge beachten" ist offensichtlich eine zu detaillierte Betrachtungsebene. Und sie ist wieder zu nahe an der Lösung, um die Aufgabe des Kunden sinnvoll zu beschreiben. Die bisherige Lösung für die Aufgabe „ich möchte entspannt von Heidelberg nach Duisburg gelangen" war der geliebte Mini Cooper der betrachteten Person. Warum hat sie den gewählt? Und, für die Lösungsfindung viel wichtiger, warum hat sie den wieder abgewählt? Was war der jeweilige Kontext – viel oder wenig Gepäck, Zeit gespart oder verschwendet, andere Aufgaben, Flexibilität in der Planung gewünscht oder egal – und welche konkurrierenden Lösungsangebote gab es?

Das Kap. 4 beschreibt die Arbeit mit dem *Customer Jobs Canvas,* und wie dieses Format und die einzelnen Bausteine dabei unterstützen, die für Sie passende Betrachtungsebene zu finden.

Aufgaben vom Ende – und nicht vom Anfang – aus denken lohnt sich
Unsere Erfahrungen mit Projekten mit Unternehmen unterschiedlicher Industrien und unterschiedlichen Alters zeigen, dass sich die Anstrengung, eine Art Zielbild zu finden, lohnt. Was ist nachher besser als vorher? Und, warum? Welches positive

Abb. 3.3 Aufgaben und die Ebene der Betrachtung

Bild entsteht in Ihrem Kopf, wenn Ihre Kunden ihre Aufgaben gelöst haben? Aus gutem Grund heißt der Ausdruck im englischen Original *Job to be Done:* Eine zu erledigende Aufgabe. Clayton Christensen rief diesen Begriff nochmals in seinem im März 2007 in der MIT Sloan Management Review erschienenen Artikel *Finding the Right Job for Your Product* in Erinnerung (Christensen 2007).

Was ist nachher besser als vorher – unabhängig vom gewählten Produkt oder der in Anspruch genommenen Dienstleistung? Design-Thinking-Profis nennen das die *Customer Journey,* die Kundenreise: Da ist eine Aufgabe, die eine Person lösen möchte. Und da sind Hürden, die anfangs im Weg stehen. Da gibt es zwischendurch unterstützende und behindernde Faktoren. Und mit der Lösung am Ende wird, wie in Abb. 3.4 gezeigt, die Aufgabe der Person bestmöglich unterstützt.

Wie will sich die Person am Ende ihrer Reise nach Duisburg sehen? Entspannt, gelangweilt, gut auf einen kommenden Workshop vorbereitet, hektisch, oder bereit durchzustarten? Mit dem Zielbild im Kopf können Sie deutlich passendere Lösungen für die Aufgabe dieser Person entwickeln.

Zusammenfassend: Lösungen kommen und gehen, die Aufgaben Ihrer Kunden aber bleiben gleich. Finden Sie Antworten auf deren Fragen, wird Ihr Angebot an Produkten oder Dienstleistungen als nützlich und wertvoll wahrgenommen.

Abb. 3.4 Aufgaben vom Ende her denken

Geben Sie allerdings Antworten auf etwas, wonach niemand gefragt hat, bauen
Sie bestenfalls *me-too*-Angebote und bewegen sich in einer nach unten offenen
Preisspirale, bei der es selten Gewinner gibt.

3.2   Reale Beispiele für Aufgaben der Kunden

Mit diesen Beispielen wollen unseren zuvor beschriebenen Ansatz und das im
nächsten Kapitel folgende Werkzeug greifbar machen und Sie zum Transfer in
Ihre Organisation einladen. Die jeweiligen Unternehmen, deren Hintergrund und
Fragestellungen sind real, aber hier anonymisiert.

- Beispiel 1 – Weiterbildungsangebote für Produktmanager: Das Unternehmen WORKSHOPS bietet Expertise, mit der seine Kunden den Erfolg ihrer
  Produktlinien steigern, in Form von Werkzeugen, die sie bei ihrer Arbeit
  unterstützen, und mit Konzepten für eine effizientere Arbeitsweise und
  Organisation.
- Beispiel 2 – Kreditkarten für Geschäftskunden: Das Unternehmen CARDS
  ermöglicht seinen Kunden unter anderem, Zahlungen an Lieferanten unkompliziert abzuwickeln und so die Buchhaltung zu vereinfachen. Mehr Durchblick
  und schlankere Prozesse sind die versprochenen Ergebnisse.
- Beispiel 3 – Werbemittel für Hotels: Das Unternehmen COOKIES entwickelte
  Werbemittel, die sich von herkömmlichen Marketingansprachen abheben. Rund
  um die Produkte bietet das Unternehmen anpassbare Services, die den Kunden
  seiner Kunden Kontaktaufnahme und Kommunikation schmackhaft machen.
- Beispiel 4 – Live-Illustration bei Workshops und Konferenzen: Das Unter-
  nehmen VISUAL bietet Graphic Recordings von Meetings, World Cafés und
  Keynotes für mittelständische Unternehmen, Non-Profit-Organisationen und
  Konzerne an, neben Illustrationen von Büchern und Whitepapers.
- Beispiel 5 – Verbrauchsmaterial für Werkstätten: Das Unternehmen MATE-
  RIALS liefert Montage- und Befestigungsartikel an Handwerk und Industrie.
  Neben diesen Produkten bietet das Unternehmen Werkstätten ein Bündel von
  Dienstleistungen rund um die Optimierung der Einkaufsprozesse an.

Mitarbeiter dieser Unternehmen identifizierten ihre wichtigsten Kundensegmente
und beschrieben deren Aufgaben. Mit „Kundensegment" meinen wir – ähnlich
wie bei der Arbeit mit dem *Business Model Canvas* – immer eine oder mehrere
Personen, die eine Rolle erfüllen, niemals eine Organisation. „Einkaufsleiter",

„Lehrerin", „Werkstattmeister", „Mutter zweier Kinder", „Mitarbeiter Produktmanagement" oder „Verkaufsleiterin für Geschäftskunden" sind gute Beispiele dafür. Die Aufgaben dieser Kundensegmente unterteilen wir in

- Funktionale Aufgaben – die beobachtbaren Aufgaben einer Person: Wir betrachten ausschließlich, was die Person offensichtlich tut. Dabei versuchen wir, die Aufgabe so objektiv wie möglich aus einer neutralen Position wahrzunehmen und unsere Beobachtung keinesfalls zu interpretieren. Das *Was* ist hier entscheidend, nicht das *Warum*. „Werkstattmeister telefoniert mit Kunden", „Einkaufsleiterin trifft sich zum Strategiemeeting mit ihrem Team" oder „Lehrer korrigiert Hausarbeiten" sind Beispiele funktionaler Aufgaben.
- Emotionale Aufgaben – die Empfindungen einer Person: Ähnlich wie bei einer aus dem Design Thinking bekannten *Customer Journey* (dort entlang einer Zeitachse) versuchen wir die positiven und negativen Emotionen einer Person zu betrachten, so gut es aus der Position eines Außenstehenden geht: „Das Umfeld NGO finde ich anstrengend", „Ich freue mich auf das Meeting mit meinen Kunden" oder „Ich bin zufrieden, dass dieser Schritt abgeschlossen ist" sind emotionale Aufgaben.
- Soziale Aufgaben – die Sicht Anderer auf diese Person: Hier halten wir fest, wie die betrachtete Person in ihrer jeweiligen Rolle in der Organisation von anderen wahrgenommen werden will. Was sollen Mitarbeiter, „Gleichrangige" und Vorgesetzte im Unternehmen über sie denken und sagen? Wie möchte diese Person von Kunden, Lieferanten, Konkurrenten oder der Presse gesehen werden? „Ich habe den Laden im Griff", „Ich möchte als innovativ wahrgenommen werden" oder „Ich bin die Entscheiderin" sind gute Beispiele dafür.

Abb. 3.5 illustriert die Unterteilung der Aufgaben.

Abb. 3.5 Funktionale, emotionale und soziale Aufgaben

Funktionale Aufgaben der Kunden

Das Unternehmen WORKSHOPS identifizierte für das Kundensegment „Teamleiter Produktmanagement" eines mittelständischen Herstellers mit Geschäftskunden die folgenden funktionalen Aufgaben:

• Meetings mit eigenem Team, mit internen und externen Partnern.
• Kommunikation per Mail und Telefon.
• Konzeptionelle Aufgaben.

Das Unternehmen CARDS identifizierte für das Kundensegment „Einkaufsleiterin" eines DAX-Konzerns die folgenden funktionalen Aufgaben:

• Interne Prozesse mit meinem Team definieren.
• Auswahl der wichtigsten Lieferanten.
• Management von Eskalationen.

Das Unternehmen COOKIES identifizierte für das Kundensegment „Verkaufsleiterin Konferenzen und Tagungen" eines inhabergeführten Hotels die folgenden funktionalen Aufgaben:

• Akquise neuer Kunden per Telefon und Mail.
• Gespräche mit Konferenzveranstaltern.
• Kontakt mit Bestandskunden aufnehmen.

Das Unternehmen VISUAL identifizierte für das Kundensegment „Workshopteilnehmer" einer Non-Profit-Organisation die folgenden funktionalen Aufgaben:

• Vorbereitung von Veranstaltungen mit Kollegen.
• Kommunizieren mit potenziellen Sponsoren per Telefon und Mail.
• Konzeptionelles Arbeiten an der nächsten Kampagne.

Das Unternehmen MATERIALS identifizierte für das Kundensegment „Leiter Teileservices" eines Autohauses mit mehreren Standorten die folgenden funktionalen Aufgaben:

• Auswertung von Daten im Warenwirtschaftssystem.
• Verhandlungen mit Lieferanten und Treffen von Einkaufsentscheidungen.
• Umsetzung der Entscheidungen der Geschäftsleitung.

Emotionale Aufgaben der Kunden
Diese emotionalen Aufgaben sieht das Unternehmen WORKSHOPS für ihr Kundensegment „Teamleiter Produktmanagement":

* Toller Erfolg, dass die Produkteinführung geschafft ist.
* Anspruch und Wirklichkeit klaffen weit auseinander.
* Ich habe zu wenig Zeit für konzeptionelles Denken.

Diese emotionalen Aufgaben sieht das Unternehmen CARDS für ihr Kundensegment „Einkaufsleiterin":

* Ich verspüre Unsicherheit durch enorme Breite an Themen.
* Ich möchte, dass interne Prozesse gleich ablaufen.
* Die ‚Ausreißer' kosten mich Zeit und Kraft.

Diese emotionalen Aufgaben sieht das Unternehmen COOKIES für ihr Kundensegment „Verkaufsleiterin Konferenzen und Tagungen":

* Ich möchte mich beweisen und für ‚höhere' Aufgaben empfehlen.
* Ich stehe für das Ergebnis gerade.
* Kann ich dieses Jahr für eine gute Auslastung sorgen?

Diese emotionalen Aufgaben sieht das Unternehmen VISUAL für ihr Kundensegment „Workshopteilnehmer":

* Das Umfeld einer Non-Profit-Organisation ist anstrengend.
* Früher oder später wird mein Idealismus zerstört.
* Nach wenigen Jahren ist die Arbeit langweilig.

Diese emotionalen Aufgaben sieht das Unternehmen MATERIALS für ihr Kundensegment „Leiter Teileservices":

* Wird es meinen Job morgen noch geben?
* Ich fühle mich von der Geschäftsleitung fremdbestimmt.
* Meine Arbeit wird stärker verglichen als in den vergangenen Jahren.

Soziale Aufgaben der Kunden

Folgende soziale Aufgaben sieht das Unternehmen WORKSHOPS für ihr Kundensegment „Teamleiter Produktmanagement":

- Ich repräsentiere die Kunden in meiner Organisation.
- Ich will als Person nicht ‚beschädigt' werden.
- Mein Kunde findet das neue Produkt toll und sieht meinen Beitrag.

Folgende soziale Aufgaben sieht das Unternehmen CARDS für ihr Kundensegment „Einkaufsleiterin":

- Ich habe den Bauchladen gut im Griff.
- Ich fühle mich permanent unter Beobachtung durch Controlling.
- Ich möchte vom Management als kooperativ wahrgenommen werden.

Folgende soziale Aufgaben sieht das Unternehmen COOKIES für ihr Kundensegment „Verkaufsleiterin Konferenzen und Tagungen":

- Ich möchte als kompetent wahrgenommen werden.
- Ich habe keine Angst vor Risiken und sehe die Chancen.
- Meine Auftraggeber sind bei mir gut aufgehoben.

Folgende soziale Aufgaben sieht das Unternehmen VISUAL für ihr Kundensegment „Workshopteilnehmer":

- Meine Ansprechpartner in Unternehmen sollen mich ernst nehmen.
- Ich möchte eine beliebte Kollegin sein.
- Meine Vorgesetzten sollen mich als tolle Mitarbeiterin wahrnehmen.

Folgende soziale Aufgaben sieht das Unternehmen MATERIALS für ihr Kundensegment „Leiter Teileservices":

- Ich will als kompetenter Entscheider wahrgenommen werden.
- Ich muss gegenüber ‚Gleichrangigen' die eigene Relevanz zeigen.
- Ich setze beschlossene Regeln und Abläufe ‚nach unten' durch.

Mehr zu den funktionalen, emotionalen und sozialen Aufgaben finden Sie im Kap. 4, in dem wir auch die anderen für Ihre ‚vom Kunden aus' gedachten Angebote relevanten Bausteine des *Customer Jobs Canvas'* detailliert beschreiben.

3.3   **Was bedeutet das für Sie?**

Die Fragen dieses Abschnittes werden Sie durch das Buch begleiten, verbunden mit unserer Einladung, damit bereits am Ende jedes Kapitels die ersten Schritte des Transfers in Ihre Organisation zu schaffen. Es geht weniger um die perfekt durchdachte Antwort als um das schnelle Sammeln Ihrer Gedanken dazu.

Frage 1: Welches Kundensegment wollen Sie als Erstes betrachten?

Frage 2: Was ist Ihre Motivation, genau dieses Kundensegment zu wählen?

Frage 3: Was sind die mindestens drei wichtigsten funktionalen Aufgaben dieser Person?

Frage 4: Was sind die mindestens drei wichtigsten emotionalen Aufgaben dieser Person

Frage 5: Was sind die mindestens drei wichtigsten sozialen Aufgaben dieser Person?

Wie Sie mit dem *Customer Jobs Canvas* arbeiten

4

Wozu brauchen Sie ein gutes Verständnis dafür, *warum* Ihre Kunden Produkte kaufen oder Dienstleistungen in Anspruch nehmen? Die Antwort auf dieses *Warum* ist erfahrungsgemäß zugleich eine ernsthafte Herausforderung und einer der wichtigsten Aktivposten Ihres Unternehmens – egal ob Start-up oder etablierter Konzern. Bitten wir in unseren Workshops jedoch Führungskräfte, dieses *Warum* in wenigen Worten zu beantworten, sind die meisten Antworten bestenfalls vage und haben mehr mit dem *Was* und dem *Wie* zu tun als mit einer nachvollziehbaren „Logik" einer Kaufentscheidung.

Strukturiert ‚vom Kunden aus' zu denken ist ebenso wenig wie das Geschäftsmodell einer Organisation ein Fixstern, sondern muss laufend an die Realität angepasst werden: Wettbewerber kommen hinzu, Ihr Portfolio ergänzende oder ersetzende Produkte tauchen auf, Teile Ihres Dienstleistungsangebotes werden obsolet, rechtliche Rahmenbedingungen ändern sich, mögliche Partner bieten neue Zugänge zu Interessenten und Kunden und schaffen so neuen Nutzen und damit neue Erlösmodelle.

4.1 Die Bausteine des *Customer Jobs Canvas'*

Das von Reinhard Ematinger und Sandra Schulze entwickelte und ausführlich getestete *Customer Jobs Canvas* hat sich seit Sommer 2017 zu einem für sehr viele Industrien brauchbaren Format entwickelt. Sie können es auf der Produktseite zum Buch unter springer.com als PDF-Datei zur freien Verwendung herunterladen. Das Canvas vermittelt unter anderem einen Überblick über

© Springer Fachmedien Wiesbaden GmbH, ein Teil von Springer Nature 2018
R. Ematinger und S. Schulze, *Produkte und Services vom Kunden aus denken*,
essentials, https://doi.org/10.1007/978-3-658-20925-4_4

- die im Kap. 3 beschriebenen funktionalen, emotionalen und sozialen Aufgaben Ihrer Interessenten und Kunden
- den räumlichen, zeitlichen oder organisatorischen Kontext, in dem sich diese Personen befinden
- die mit Ihrem Angebot konkurrierenden Produkte und Dienstleistungen, die Interessenten und Kunden im Moment im Einsatz haben oder hatten
- die Kräfte, die Kunden zu einem neuen Angebot ziehen oder von einem neuen Angebot abhalten
- die eindeutigen Nachteile Ihres Angebotes und den Maßstab für ein gutes Ergebnis, jeweils aus Sicht Ihrer Kunden

und macht so die Motivation der für Sie wichtigsten Kunden zum Kauf eines Produktes oder einer Dienstleistung nachvollziehbar. Abb. 4.1 zeigt den Aufbau des *Customer Jobs Canvas'*.

Das *Customer Jobs Canvas* wird in der unten angeführten Reihenfolge mit den in Abb. 4.1 dargestellten 14 Elementen bearbeitet. Dabei sehen wir die folgenden vier thematischen Blöcke, zu denen sich die Bausteine jeweils zusammenfassen lassen:

- Die Bausteine 1 bis 3 bieten Raum für eine Beschreibung des gewählten Kundensegmentes, dessen Sicht der aktuellen Situation und dessen Absichten.
- Die zentralen Bausteine 4 bis 7 bilden die Aufgaben Ihrer Kunden und den jeweiligen Kontext, in dem sich diese Aufgaben im Moment bewegen, ab.
- Kompensierendes Verhalten Ihrer Kunden und die aus Kundensicht konkurrierenden Lösungen finden in den Bausteinen 8 bis 10 Platz.
- Die Bausteine 11 bis 14 listen Argumente für und gegen einen Wechsel zu neuen Angeboten auf, welche Nachteile Kunden sehen, und wie sie ihren Erfolg messen.

Abb. 4.2 zeigt den ersten Block, ausgehend von der Beschreibung des gewählten Kundensegmentes, mit den Bausteinen 1 bis 3.

Da das *Customer Jobs Canvas* in vielen Workshops in der englischen Version verwendet wird, nennen wir neben den deutschsprachigen auch die englischsprachigen Bezeichnungen der Bausteine:

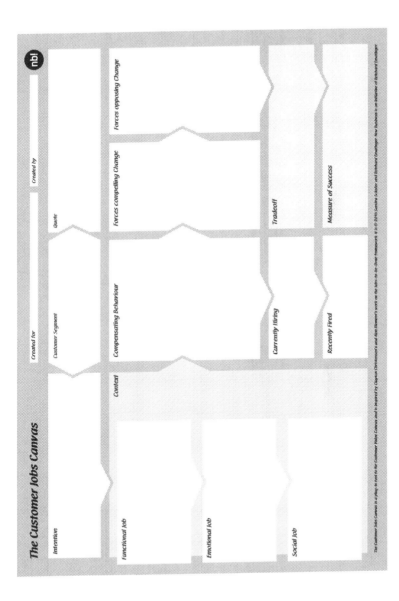

Abb. 4.1 Aufbau des *Customer Jobs Canvas'*

Abb. 4.2 Bausteine 1 bis 3

Baustein 1: Kundensegmente (Customer Segments)
Hier wird die Rolle der betrachteten Person beschrieben. Wie im Abschn. 3.2 ausgeführt meint der Begriff „Kundensegment" immer eine oder mehrere Personen, die eine Rolle erfüllen, niemals eine Organisation wie eine Abteilung oder ein Unternehmen.

Zielführender als wohlklingende Bezeichnungen wie „Senior Global Vice President Training Solutions Latin America West" ist die tatsächliche Tätigkeit: Verantwortet diese Person ein Budget für Maschinen und Anlagen, leitet sie den Bereich „Design und Softwareentwicklung", ist sie die ‚oberste' Ansprechpartnerin für Flottenkunden?

Die bereits genannten Kundensegmente „Einkaufsleiter", „Lehrerin" und „Werkstattmeister" sind gute Beispiele für diesen Baustein.

Baustein 2: Zitat (Quote)
Damit werden wörtliche und möglichst aktuelle Zitate des betrachteten Kundensegmentes festgehalten, die im Dialog mit Ihnen oder Dritten fallen. Sie repräsentieren die Sicht Ihrer Kunden auf sie bestimmende Einflüsse und haben wenig mit Ihrem Angebot zu tun.

Um diesen Schatz an Informationen bestmöglich zu heben und später für den Einstieg in die Kommunikation Ihres Angebotes zu nutzen, ist es sinnvoll, sauber zwischen „neutral wahrnehmen" und „interpretieren" zu unterscheiden. Notieren Sie, was Sie hören, ohne sich von Ihrer – bestimmt fundierten, aber in diesem Moment nicht hilfreichen – Sicht beeinflussen zu lassen.

Reale Beispiele für diesen Baustein sind „Wir sind zu wenig marktorientiert", „Ich möchte neue Wege gehen" und „Keine Experimente – der Betrieb muss laufen".

Baustein 3: Absicht (Intention)
Dieser Baustein beantwortet die Frage, worin die positiven Absichten des betrachteten Kundensegmentes bestehen. Das ‚große Bild' ist hier gefragt, keinesfalls einzelne Aktivitäten oder die später zu beschreibenden Aufgaben Ihrer Kunden.

Ähnlich wie der Baustein 2 helfen diese Inhalte bei Ihrer künftigen Kommunikation, wenn Sie die Absichten Ihrer Kunden als Fragestellung und Ihr Angebot als Antwort darauf formulieren. Bei der Arbeit mit dem *Customer Jobs Canvas* unterstützt der Baustein Sie auch bei der ‚Rückkehr' zum Thema, sollten Gedanken und Diskussionen abschweifen.

„Der Zusammenhalt des Teams ist das Wichtigste", „Ich hätte gerne mehr Zeit für meine Kunden" und „Ich möchte mein Hotel gut positionieren" sind gute Beispiele dafür.

Abb. 4.3 zeigt den zweiten Block mit den Aufgaben und deren Kontext mit den Bausteinen 4 bis 7.

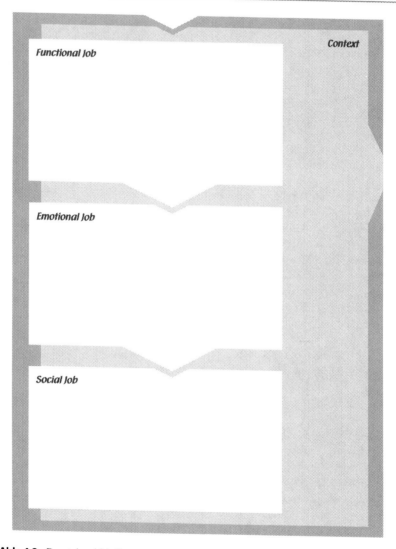

Abb. 4.3 Bausteine 4 bis 7

Baustein 4: Kontext (Context)

Hier wird der Kontext beschrieben, in dem sich Ihre Kunden befinden: Räumliche (im Büro oder im Auto), zeitliche (morgens + gehetzt oder abends + entspannt), finanzielle (geringe oder hohe Einnahmen) oder organisatorische (Start-up oder Konzern) Kontexte.

Der von Kunden empfundene Nutzen Ihres Angebotes definiert sich dadurch, wie weit Ihre Produkte oder Dienstleistungen sie oder ihn bei den zu erledigenden Aufgaben (Bausteine 5 bis 7) unterstützten. Allerdings legt erst der Kontext diesen Nutzen tatsächlich frei: dasselbe Angebot kann in verschiedenen Kontexten unterschiedlich nützlich sein.

Beispiele sind „Der Wettbewerbsdruck nimmt zu", „Wir liefern nur an Kunden im B2B-Segment" und „Ich nehme jetzt die U-Bahn und habe 10 Minuten Zeit für Nachrichten".

Baustein 5: Funktionale Aufgaben (Functional Jobs)

Damit wird die Frage nach den beobachtbaren Aufgaben des Kundensegmentes beantwortet. Die Bausteine 5 bis 7 sind zentral für ein strukturiertes ‚vom Kunden aus'-Denken und benötigen für brauchbare Erkenntnisse Ihre volle Aufmerksamkeit.

Es ist enorm hilfreich für gute Resultate der Arbeit mit dem *Customer Jobs Canvas,* die neutrale Position eines Beobachters einzunehmen, der – ähnlich wie bei den Inhalten der Bausteine 2 und 3 – das Geschehen nicht zu interpretieren versucht, sondern die Frage beantwortet, *was mit wem* und *wie* gerade passiert.

„Meister telefoniert mit Kunden", „Einkaufsleiterin trifft sich zum Strategiemeeting mit ihrem Team" oder „Lehrer korrigiert Hausarbeiten" sind die in Abschn. 3.2 erwähnten Beispiele.

Baustein 6: Emotionale Aufgaben (Emotional Jobs)

Hier werden die emotionalen Aufgaben des betrachteten Kundensegmentes beschrieben, die – analog zur sozialen Dimension einer Aufgabe – deutlich wichtiger als die funktionale Komponente sein können.

Das genaue Hinsehen auf die positiven oder negativen Empfindungen einer Person im jeweiligen Kontext ist kein Ausflug ins Esoterische, sondern ein wesentlicher Teil der Frage, *warum* Interessenten und Kunden Ihre Produkte kaufen, nicht kaufen, oder im Zweifel nichts unternehmen – das trifft im B2C-ebenso wie im B2B-Segment zu.

Die bereits in Abschn. 3.2 ausgeführten Beispiele sind „Das Umfeld NGO finde ich anstrengend", „Ich freue mich auf das Meeting" oder „Ich bin vom Management frustriert".

Baustein 7: Soziale Aufgaben (Social Jobs)

Dieser Baustein beinhaltet die sozialen Aufgaben Ihrer Kunden. Während die emotionalen Aufgaben ausschließlich mit den Empfindungen einer Person bei der Lösung der funktionalen Aufgabe zu tun hat, ist hier die Sicht Anderer auf diese Person zentral.

Wichtig, auch zur Abgrenzung zum Baustein 6, ist die Frage, wie die betrachtete Person in ihrer jeweiligen Rolle in der Organisation – die auch eine Familie oder der Freundeskreis sein kann – von anderen wahrgenommen wird oder werden will. Das können Kunden, Partner, Konkurrenten, wichtige Freunde, Lieferanten oder Soziale Medien sein.

„Ich habe den Laden im Griff", „Ich bin die Entscheiderin (und das weiß die ganze Familie)" und „Ich möchte als vorausschauend wahrgenommen werden" sind gute Beispiele dafür.

Abb. 4.4 zeigt den dritten Block mit dem kompensierenden Verhalten von Kunden und den konkurrierenden Lösungen mit den Bausteinen 8 bis 10.

Baustein 8: Kompensierendes Verhalten (Compensating Behaviour)

Damit wird das kompensierende Verhalten des betrachteten Kundensegmentes skizziert: Kunden tun etwas, wovon sie zumindest ahnen, dass das Ergebnis nicht befriedigend sein wird – und Sie konkurrieren dadurch mit einem unsichtbaren und unfairen ‚Wettbewerber'.

Wann immer Sie kompensierendes Verhalten Ihrer wichtigsten Kunden oder deren selbst gebastelte Notlösungen wahrnehmen, ist das ein deutliches Signal für ungenutztes Potenzial. Arbeiten Kunden in ihrem jeweiligen Kontext mit großem Aufwand an einer eher mittelmäßigen Lösung mit geringem Nutzen, wird Ihr Angebot umso willkommener sein.

Reale Beispiele sind „Ich konzentriere mich auf das Tagesgeschäft und plane eben nicht", „Wir kaufen in schlechter aber verfügbarer Qualität ein" und „Ich sende unzählige Mails".

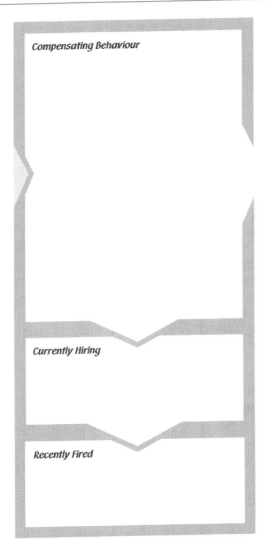

Abb. 4.4 Bausteine 8 bis 10

Baustein 9: Aktuelle Lösung (Currently Hiring)

Dieser Baustein beschreibt die mit Ihrem Angebot konkurrierende Lösungen, die Ihre wichtigsten Kunden im Moment im Einsatz haben, egal ob Produkt oder Dienstleistung. Noch wichtiger ist die ‚Frage hinter der Frage‘, *warum* Ihre Kunden diese Lösungen nutzen.

Die Bausteine 8 bis 10 sind einander auf den ersten Blick so ähnlich, dass sich ein Hinweis lohnt, wie Sie brauchbare Resultate erhalten: Der Baustein 8 (kompensierendes Verhalten) betont das Verhalten unabhängig von eingesetzten Produkten, und die Bausteine 9 und 10 betrachten die aktuell oder damals verwendeten Produkte oder Dienstleistungen.

„Kreditkarte mit Meilensammelfunktion", „zuverlässiger Händler um die Ecke" und „Unternehmenssimulation auf 15 Windows-Latops" sind gute reale Beispiele.

Baustein 10: Kürzlich rausgeworfene Lösung (Recently Fired)

Hier werden die Produkte oder Dienstleistungen genannt, die Ihre wichtigsten Kunden in der Vergangenheit im Einsatz hatten, diese aber kürzlich entfernten. Noch wichtiger ist auch hier die ‚Frage hinter der Frage‘, *warum* Ihre Kunden diese Lösungen rauswarfen.

Die Inhalte der Bausteine 8 und 9 unterstützen Sie (ähnlich wie die der Bausteine 2 und 3) beim Einstieg in den Dialog mit wichtigen Interessenten und Kunden: Das Wissen, welche Lösungen im Einsatz sind – oder *warum* nicht mehr im Einsatz sind – sorgt für enorme Vorteile bei der Kommunikation Ihres ‚vom Kunden aus‘ gedachten Angebotes.

Reale Beispiele dafür sind „QR-Codes auf Kärtchen (von Gästen kaum genutzt)", „Flipchartständer (nicht robust genug)" und „SAP Enterprise Support (zu teuer)".

Abb. 4.5 zeigt den vierten Block, unter anderem mit Argumenten für und gegen einen Wechsel zu neuen Angeboten, mit den Bausteinen 11 bis 14.

Baustein 11: Den Wandel unterstützende Kräfte (Forces Compelling Change)

Dieser Baustein beschreibt die Einflussfaktoren, die Kunden durch eine Kombination aus ‚Druck‘ und ‚Zug‘ in die Richtung eines neuen Angebotes bewegen: ‚Druck‘, beispielsweise durch eine als unangenehm wahrgenommene Situation, und ‚Zug‘ durch ein attraktives neues Angebot.

Ein ‚vom Kunden aus‘ gedachtes und gestaltetes Angebot nutzt das Zusammenspiel dieser Kräfte, die ‚Druck‘- und ‚Zug‘-Kräfte brauchen einander. Haben Kunden keinen ausreichenden Antrieb, etwas zu ändern, oder versprechen Sie

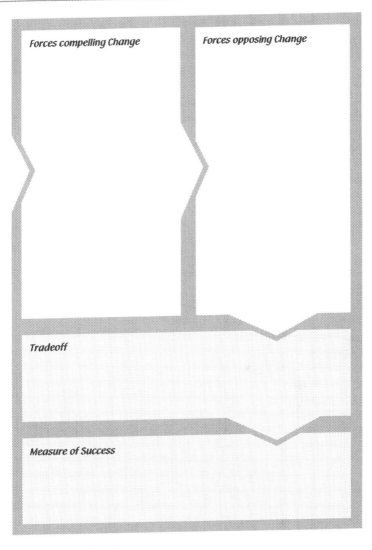

Abb. 4.5   Bausteine 11 bis 14

eine befriedigende Lösung nicht glaubwürdig und spannend genug, werden Kunden Ihr Angebot nicht annehmen.

„Die Produktivitätsziele ‚von oben' steigen", „Einfach zu implementieren und zu betreiben" und „Höhere Flexibilität bei der Lieferantenauswahl" sind dafür gute reale Beispiele.

Baustein 12: Den Wandel erschwerende Kräfte (Forces Opposing Change)

Dieser Baustein beschreibt die Einflussfaktoren, die Kunden von einem neuen Angebot abhalten. Auch hier dominieren zwei Kräfte: Einerseits sorgen Gewohnheiten dafür, dass keine Entscheidungen getroffen werden, und anderseits Angst, sich falsch zu entscheiden.

Die einem Kauf Ihres Angebotes entgegenwirkenden Kräfte werden oft weniger ernst genommen als die unterstützenden Kräfte – was wir für ein Versäumnis halten: Diese Kräfte sind Ihre Konkurrenten, ebenso wie konkurrierende Produkte oder Dienstleistungen. Das Resultat für Sie ist gleich – ob Kunden nicht kaufen oder beim Wettbewerber kaufen.

Reale Beispiele dafür sind „Aufwand aufgrund zusätzlicher Schnittstellen", „Schlechte Erfahrungen mit Beratern" und „Die Gäste werden das Produkt eventuell nicht verstehen".

Baustein 13: Nachteil Ihres Angebotes (Tradeoff)

Damit werden die aus Sicht des Kundensegmentes eindeutigen Nachteile Ihres Angebotes skizziert. ‚Nachteil' meint nicht etwa ein etwas ungünstiges Kosten-Nutzen-Verhältnis oder eine verschmerzbare Kleinigkeit, sondern ernsthafte und nicht zu diskutierende Nachteile.

Die Inhalte dieses Bausteines unterstützen Sie bei der Entscheidung, an produktbasierten Nachteilen zu arbeiten, Bestandteile von Dienstleistungen zu ergänzen oder den Dialog mit den für Sie wichtigen Kundensegmenten zu suchen, um eine noch besseres Verständnis von deren Wahrnehmung der Vor- und Nachteile zu entwickeln.

„Die Prozesse werden mindestens drei Monate nicht rund laufen", „Massive Unruhe in der Organisation" und „Mindestabnahmemenge von 10.000 Stück" sind gute reale Beispiele.

Baustein 14: Erfolgsmessung (Measure of Success)

Dieser Baustein beschreibt, wie Ihr betrachtetes Kundensegment seinen Erfolg misst, beantwortet die Frage, was für Ihre Kunden ‚nachher besser ist als vorher' und unterstützt Sie bei der Kommunikation Ihres Angebotes.

Die Frage nach dem, was Ihre Kunden unter ‚Erfolg' oder ‚gutem Ergebnis' verstehen, ist eine Einladung zu einer Änderung Ihres Blickwinkels: Von einer internen, an Finanzkennzahlen orientierten Sicht zu einer externen, am Kundennutzen orientierten Sicht. Wir wissen, dass die Kennzahlen dafür nicht sehr einfach zu definieren sind.

Reale Beispiele sind „Die Verfügbarkeit der Verbrauchsmaterialien liegt bei 98%", „Weniger ermüdende Diskussionen" und „Anzahl der Rückmeldungen der Gäste steigt".

4.2   Das *Customer Jobs Canvas'* am Beispiel deliqioso™ von Nematico

„Gesicht zeigen und den Menschen hinter dem Kunden sehen" nennt das Heidelberger Unternehmen *nematico UG* seine Mission, und beschreibt sie so: „In einer Zeit, in der neue Technologien dazu beitragen, dass die Beziehung zwischen Unternehmen und Kunden nur noch als unpersönlich und zweckdienlich wahrgenommen wird, nutzt nematico Technologien, Kreativität und Know-how, um wieder Menschen hinter diesem Verhältnis erkennen zu lassen." (Nematico 2017a).

Das junge Unternehmen entwickelte mit dem in Abb. 4.6 skizzierten smarten Keks deliqioso™ ein Werbemittel, mit dem sich Lieferanten von herkömmlichen Marketingmaßnahmen abheben. Ziel ist, Interessenten und Kunden aufmerksam zu machen und nachhaltig in Erinnerung zu bleiben.

Hotels sind eine der Zielgruppen, die nematico mit seinem Angebot erreicht (Brixy 2017). Die vier Schritte der *Customer Journey* beim und nach dem Auschecken beschreibt das Unternehmen so

1. Persönlicher Kontakt: Jens (37, Unternehmensberater) hat gerade einen schönen Aufenthalt im Hotel gehabt und checkt aus
2. Personalisierter Dankeschön-Keks: Ohne es zu erwarten, bekommt Jens im Namen des Hotels ein besonderes Dankeschön überreicht
3. Video-Grußbotschaft: Bevor er es isst, scannt Jans mit seinem Smartphone den Keks ab und freut sich über eine persönliche Video-Grußbotschaft
4. Positive Bewertung: Danach wird Jens direkt auf ein Bewertungsportal geführt, gibt eine positive Bewertung ab und ruft an, um sich für die Aufmerksamkeit zu bedanken

und hat für den Start der gemeinsamen Arbeit mit dem *Customer Jobs Canvas* das Kundensegment „Conference and Event Sales Manager" identifiziert, die wir

Abb. 4.6 Smarter QR-Keks von nematico

aufgrund erster Interviews mit der Zielgruppe als „Vertriebsleiterin Konferenzen"
präzisierten (Nematico 2017b).

Um die jeweiligen Antworten in den Bausteinen sowohl im eBook als auch in
der Print-Version dieses Buches deutlich sichtbar zu machen, teilen wir das Canvas und nutzen dafür die im Abschn. 4.1 vorgestellten thematischen Blöcke.

Bausteine 1 bis 3: Kundensegment, Zitat und Absicht
Diese Bausteine geben einen schnellen Überblick zum gewählten Kunden-
segment, dessen subjektive Sicht der aktuellen Situation und dessen positiven
Absichten. Abb. 4.7 zeigt die Inhalte des ersten Blocks.

Bausteine 4 bis 7: Aufgaben und Kontext
Diese Bausteine bilden die funktionalen, emotionalen und sozialen Aufgaben des
Kundensegments ab, und den jeweiligen Kontext, in dem sich diese Aufgaben
stellen. Abb. 4.8 zeigt die Inhalte des zweiten Blocks.

Abb. 4.7 Bausteine 1–3 des *Customer Jobs Canvas'* von Nematicos deliqioso™

Abb. 4.8 Bausteine 4–7 des *Customer Jobs Canvas'* von Nematicos deliqioso™

Bausteine 8 bis 10: Kompensierendes Verhalten und konkurrierende Lösungen

Diese Bausteine beschreiben das kompensierende Verhalten des Kundensegments, die aktuell verwendeten und kürzlich entfernten Produkte oder Dienstleistungen. Abb. 4.9 zeigt die Inhalte des dritten Blocks.

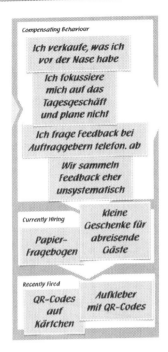

Abb. 4.9 Bausteine 8–10 des *Customer Jobs Canvas'* von Nematicos deliqioso™

Bausteine 11 bis 14: Kräfte, Nachteile und Erfolgsmessung

Diese Bausteine listen Argumente für und gegen einen Wechsel zu neuen Angeboten auf, welche Nachteile die Kunden sehen, und wie sie ihren Erfolg messen. Abb. 4.10 zeigt die Inhalte des vierten Blocks.

Abb. 4.10 Bausteine 11–14 des *Customer Jobs Canvas'* von Nematicos deliqioso™

4.3   Was bedeutet das für Sie?

Wir laden Sie mit den folgenden Fragen wieder ein, erste Schritte des Transfers in Ihre Organisation zu schaffen. Es geht weniger um die perfekt durchdachte Antwort als um das das schnelle Sammeln Ihrer Gedanken dazu.

Frage 6: Welches war das Kundensegment, mit dem Sie starten wollten?

Frage 7: Welche Möglichkeiten des direkten Kontaktes zu diesen Kunden sehen Sie?

Frage 8: Wer oder was kann Sie beim Kontakt zu diesen Kunden unterstützen?

Frage 9: Falls direkte Kontakte nicht möglich sind, wer kennt diese Kunden besonders gut?

Frage 10: Was fehlt, um die Arbeit mit dem *Customer Jobs Canvas* zu starten?

Ihre nächsten Schritte

5

Was können wir Ihnen auf den Weg geben, damit sich Ihre Beschäftigung mit der Frage lohnt, *warum* Ihre Kunden kaufen, und Sie damit brauchbare und umsetzbare Ergebnisse erhalten? Der Start mit einem zugegeben eher sperrigen Format wie dem des *Customer Jobs Canvas'* braucht ein wenig Vorbereitung, um gut zu gelingen, und es gibt mehrere kurze oder ausführliche Möglichkeiten zur Präsentation der Ergebnisse.

Wir bieten wir Ihnen einige Empfehlungen an, die wir aus den *best practices* – manchmal auch aus den *worst practices*, aus denen wir lernten – unserer Workshops für Sie destilliert haben.

5.1 So gelingt der Start

Abb. 5.1 illustriert unser Verständnis der Vorbereitung eines gelungenen Starts: Wir beschreiben Informationen und Entscheidungen, die Sie benötigen, und Materialien, die Sie bestmöglich in Ihrer Arbeit unterstützen.

Welche Informationen benötigen Sie?

Ihre Idee für ein frisches Produkt oder eine spannende Dienstleistung ist die perfekte Ausgangsbasis, viel mehr braucht es anfangs nicht. Je besser Sie Ihre Idee bereits strukturiert haben, desto einfacher ist allerdings der ‚Zoom' in das *Customer Jobs Canvas*. Ein erster Wurf Ihres künftigen Angebotes in Form eines *Business Model Canvas* oder *Lean Canvas* mit der Beschreibung Ihrer wichtigsten Kundensegmente, des Nutzens oder des Alleinstellungsmerkmals, der Kommunikations- und Vertriebskanäle und möglicher Erlösmodelle hilft gerade bei

© Springer Fachmedien Wiesbaden GmbH, ein Teil von Springer Nature 2018
R. Ematinger und S. Schulze, *Produkte und Services vom Kunden aus denken*,
essentials, https://doi.org/10.1007/978-3-658-20925-4_5

Abb. 5.1 Materialien und
Informationen für einen
gelungenen Start

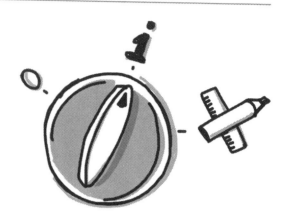

der Arbeit im Team enorm dabei, ein gemeinsames Verständnis für den Ausgangspunkt zu haben und immer wieder dorthin zurückkehren zu können.

Erste Test Ihrer Annahmen, zum Beispiel über den adressierbaren Markt, den Wettbewerb aus Ihrer Sicht und aus der Ihrer Kunden, die wesentlichen Unterschiede zu Angeboten der Konkurrenz und die Zahlungsbereitschaft der anvisierten Kundensegmente unterstützen ebenfalls beim Entwickeln eines ein gemeinsamen Bildes.

Wie beschreiben Sie die Kundensegmente am besten?
Lassen Sie sich bei der Auswahl nicht dazu verführen, Organisationen als Kundensegmente zu betrachten, nur weil das auf den ersten Blick einfacher handzuhaben wirkt. Sie werden im Laufe der Arbeit mit dem *Customer Jobs Canvas* bemerken, dass Unternehmen oder Abteilungen selten emotionalen Aufgaben (Baustein 6) haben, dass das kompensierende Verhalten einer großen Organisation (Baustein 8) nicht besonders gut beschrieben werden kann, und dass unterstützende und hindernde Kräfte (Bausteine 11 und 12) deutlich präziser an Personen festzumachen sind. So erhalten Sie brauchbare Resultate, die Ihnen unter anderem für die Planung der nächsten Schritte und für die Kommunikation des Nutzens eine große Hilfe sein werden.

Ähnlich wie bei der Arbeit mit dem *Business Model Canvas* braucht es das Denken in Kundensegmenten als Personen, die Rollen ausfüllen, um zu relevanten Erkenntnissen zu gelangen. Sollten bereits Personas vorhanden sein, sind diese erfahrungsgemäß ein perfekter Start für die Arbeit mit dem *Customer Jobs Canvas*.

Kennen Sie die Kundensegmente gut genug?
Unabhängig vom Startpunkt gehen Sie bei der strukturierten Arbeit mit dem *Customer Jobs Canvas* in die Tiefe, um zum „*Warum* kaufen Kunden?" vorzudringen. Unsere Erfahrungen zeigen, dass ein solides Verständnis des gewählten Kundensegmentes die Voraussetzung dafür ist. Kennen Sie das Kundensegment nicht gut genug, holen Sie sich Mitdenker, die in ständigem Kontakt mit diesen Kunden sind – wiederholtes Raten macht Ihnen und Ihrem Team keinen großen Spaß und führt selten zu brauchbaren Resultaten.

Berücksichtigen Sie gerade bei unternehmensinternen Mitdenkern, die oft unterwegs sind, und externen Vertriebs- oder Beratungspartnern eine entsprechend lange Vorlaufzeit für eine Einladung zum Workshop oder für ein Interview zu den Kundensegmenten. Eventuell hilft eine schnelle Ideensammlung, die die Frage beantworten hilft, wer bei der Arbeit mit dem *Customer Jobs Canvas* keinesfalls fehlen sollte.

Beschreiben Sie Ihre Kunden oder Ihre Angebote?
Menschen haben ‚Aufgaben zu erledigen', Produkte nicht. Es geht nicht darum, was Produkte „tun müssen", sondern wie Produkte und Dienstleistungen Menschen unterstützen. Ertappen Sie sich oder Ihre Mitdenker dabei, Produkten Aufgaben zuzuweisen und Gedanken wie „Die Aufgabe des Smartphones ist …" auszusprechen, ist das ein guter Zeitpunkt für ein kurzes Innehalten.

Ein Smartphone ist die Lösung, nicht die Aufgabe – es macht unser Leben einfacher, weil wir unterwegs Mails beantworten, unsere Kalender fest im Griff haben, Zugtickets buchen und den kürzesten Weg finden können. Produkte und Dienstleistungen haben kein echtes Leben, das sie einfacher oder besser machen können. Sie haben – auch wenn Sie mit Alexa oder Siri eventuell bereits gegenteilige Erfahrungen machen durften – keine besondere Motivation, keine schwer erreichbaren Ziele und keine zu überwindenden Hürden.

Welche Materialien braucht es für die Arbeit im Team?
Neben einem *Customer Jobs Canvas* pro Kundensegment im Format A0 benötigen Sie pro beteiligter Person mindestens einen Block an Haftnotizen. Quadratische Post-its® im Standardformat von 76 * 76 mm passen perfekt zur Menge an Informationen, die es für eine verständliche Beschreibung braucht. Abhängig von der Papieroberfläche des Canvas' haften unterschiedliche Marken und Ausführungen unterschiedlich gut – wollen Sie nach der Kaffeepause keine Schnitzeljagd veranstalten, wählen Sie die „Sticky Notes"-Variante.

Verwenden Sie Stifte mit einer Strichstärke, die zum leserlichen Schreiben und guter Lesbarkeit in einer üblichen Entfernung zum Canvas ‚ermahnt'. Wir empfehlen Faserschreiber wie den Stabilo 88 in schwarz (Farbe 46), da die Strichstärke perfekt passt und die Tinte nicht auf leere Blätter durchschlägt. Verwenden Sie zur Befestigung der Canvasse am besten Klebebänder, die Wandfarben oder Tapeten nicht beschädigen: Wir schlagen die „blue 80"-Serie von Scotch oder ähnliche Produkte für empfindliche Oberflächen vor.

5.2   So gelingt die Präsentation

Abb. 5.2 zeigt die unten beschriebenen beiden Möglichkeiten einer gelungenen Präsentation Ihrer Ergebnisse: Eine Nahaufnahme ‚vom großen Bild ins Detail' oder eine Weitwinkelperspektive ‚vom Detail ins große Bild'.

Zoom ins *Business Model Canvas* als Intro?
Möglicherweise wollen Sie die Ergebnisse Ihrer Arbeit ‚vom großen Bild ins Detail' präsentieren, um Ihre Gedankengänge nachvollziehbar zu machen: Das von Alexander Osterwalder und Yves Pigneur entwickelte und im Bestseller *Business Model Generation* beschriebene *Business Model Canvas* hat sich seit 2009 zu Recht zu einem brauchbaren Standardformat, mit dem Geschäftsmodelle verständlich beschrieben werden können, entwickelt (Osterwalder und Pigneur 2010).

Das Canvas vermittelt einerseits Klarheit über das aktuelle Geschäftsmodell und bildet andererseits einen verständlichen Ausgangspunkt für Ihre ‚vom Kunden aus' gedachten Ideen. Die neun Bausteine, die die vier wichtigsten Bereiche einer Organisation – ob Start-up, Non-Profit-Organisation oder Konzern – abbilden, beschreiben Ihre wichtigsten Kunden, den Nutzen Ihres Angebotes, die notwendige Infrastruktur und die finanzielle Überlebensfähigkeit.

Abb. 5.2 Zoom ins Detail oder Zoom aus einzelnen *Storys*

Ihr Vorteil bei der Verwendung des *Business Model Canvas'* – das im besten Sinn des Wortes zum Standard wurde – als Einstieg ergibt sich aus dem überschaubaren geistigen ‚Aufwand' Ihrer Zuhörer zur Einarbeitung: Die Struktur mit neun Elementen ist erfahrungsgemäß auch den mit dem Canvas nicht vertrauten Personen in fünf Minuten erklärt. Von dort aus ist es einfach, den ‚Zoom' in die einzelnen Kundensegmente nachvollziehbar zu machen.

Der Wechsel vom mit dem im *Business Model Canvas* dargestellten ‚großen Ganzen' und den Details in Form der im *Customer Jobs Canvas* gezeigten Fragen nach der Motivation der einzelnen Kundensegmente gelingt problemlos ohne Medienbruch und erlaubt Ihrem Gegenüber, Ihren Argumenten zu folgen und gleichzeitig das große Bild nicht aus den Augen zu verlieren.

Zoom aus der *User Story* oder der *Customer Story* als Intro?
Möglicherweise wollen Sie die Ergebnisse Ihrer Arbeit ‚vom Detail ins große Bild' präsentieren, um die Notwendigkeit von Veränderungen anhand weniger knackiger Beispiele nachvollziehbar zu machen: Dazu eignen sich *User Stories* oder *Customer Stories* gut.

Nichts falsch an der *User Story*, die ihren Ursprung im agilen Projektmanagement hat, genauer im *Product Backlog*, das wiederum klassische Anforderungsdokumente wie Lasten- oder Pflichtenhefte ersetzt. Das *Product Backlog* zählt alles auf, was zu einer erfolgreichen Auslieferung eines Produktes gehört. Die *User Story* beschreibt eine Produkteigenschaft aus der Sicht eines Nutzers, ihre Form ist eher einfach:

- Als (Persona) möchte ich (bestimmte Funktionalität), um (davon Nutzen zu haben).

Sven Winkler nennt dafür das Beispiel „Als Stammkunde Ralf Müller möchte ich eine Benachrichtigung, damit ich erkenne, ob meine Bestellung erfolgreich im System eingegangen ist." (Winkler 2013). Diese und ähnliche Beschreibungen sind völlig in Ordnung, wenn es sich um ‚erwachsene' Produkte oder Dienstleistungen handelt oder um die Verbesserung des aktuellen Angebotes. Sie lassen aber unserer Meinung nach zu viel Raum für Annahmen rund um die Kunden und deren Nutzung des Angebotes. Dazu kommt, dass die Kausalität völlig fehlt – was genau veranlasst den Wunsch des Kunden Ralf Müller?

Sollten Sie ein neues Angebot konzipieren und testen wollen, ist die Betonung des *Wer* und des *Wie* möglicherweise kein guter Start: Unter anderem der räumliche und zeitliche Kontext fehlt hier, und – viel wichtiger – das *Warum*. Wir laden Sie ein, unseren folgenden Vorschlag auf Brauchbarkeit zu testen:

- Wenn (Situation), dann möchte ich (Motivation), um zu (gewünschtes Ergebnis).

Das vorher genannte Beispiel könnte so klingen: „Wenn ich mit dem Smartphone von unterwegs bestelle, möchte ich Sicherheit, dass die Bestellung ‚funktioniert‘ hat, um mich nicht weiter darum kümmern zu müssen". Oder, positiver formuliert, „Wenn ich mit dem Smartphone von unterwegs bestelle, möchte ich Gewissheit, dass die Bestellung beim Lieferanten ankam, um meine Reise entspannt fortsetzen zu können". Der Dreiklang aus Situation, Motivation und Resultat ergibt eine schlüssige und nachvollziehbare ‚Geschichte‘. Nun werden der Kontext und die Kausalität klar, und das *Warum* jedes Kundensegmentes wird ebenfalls kurz und knackig beantwortet.

Präsentation des gesamten *Customer Jobs Canvas'*?
Sollten Sie die Ergebnisse Ihrer Arbeit mithilfe eines ausgefüllten *Customer Jobs Canvas'* präsentieren und Ihr Gegenüber ist mit der Struktur des Canvas nicht vertraut, empfehlen wir zur Einführung, die Elemente kurz am eigenen Beispiel oder dem im Abschn. 4.2 beschriebenen Beispiel zu beschreiben. Dabei unterstützt Sie die in Abb. 5.3 dargestellte Version des Canvas' mit der Reihenfolge der Bearbeitung der einzelnen Bausteine.

Sie können es auf der Produktseite zum Buch unter springer.com als PDF-Datei zur freien Verwendung herunterladen.

Darf es ein wenig weniger sein?
Wenn Sie die Ergebnisse Ihrer Arbeit möglichst kurz darstellen wollen, ist das Format des *Customer Jobs Canvas'* viel zu umfangreich. Aus diesem Grund haben wir viele Optionen kurzer Präsentationen durchforstet und daraus eine sehr einfache Formel zusammengestellt. Diese Formel haben wir ausführlich auf Reaktionen des Publikums getestet und nennen sie den *Fünf-Sekunden-Pitch*. Testen Sie sie gerne ebenfalls auf Brauchbarkeit:

- Unser (Produkt oder Dienstleistung) hilft (wichtigstem Kundensegment) bei (wichtiger funktionaler Aufgabe), indem es (Lösung, ohne in ‚technische‘ Details zu gehen) bietet und so (wichtige emotionale oder soziale Aufgabe)

Ein Beispiel könnte „Ein illustriertes Strategiebild hilft Projektleitern bei der Präsentation gegenüber der Geschäftsleitung, indem es die Unternehmensstrategie nachvollziehbar und lebendig darstellt und die Projektleiter so stressfrei präsentieren und kompetent wirken lässt" lauten.

Ein weiteres gutes Beispiel liefert der Fahrservice *Blacklane* unter der Überschrift „Peace of Mind": „Blacklane's realtime service monitoring, integrated

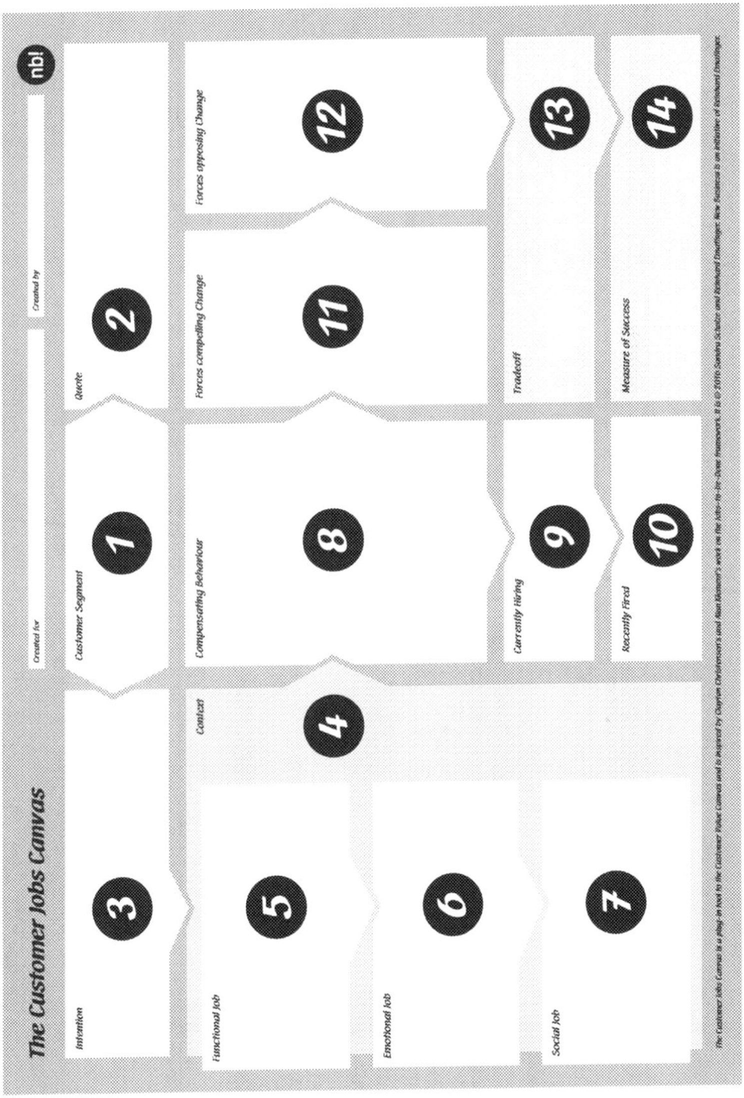

Abb. 5.3 Aufbau des *Customer Jobs Canvas'* mit Reihenfolge

flight tracking and 24/7 customer case ensure on-time pickups and avoid unnecessary charges for waiting time" (Blacklane 2017). Die wichtigsten emotionalen Aufgaben der Kunden, nämlich einerseits rechtzeitig abgeholt zu werden und andererseits keine Gebühren für Wartezeiten bezahlen zu müssen, werden hier betont und mit dem Ergebnis „Seelenfrieden" überschrieben.

Unzählige Formate für klassische *Elevator Pitches* von etwa zwei Minuten Länge finden Sie im Netz, ebenso Empfehlungen zum Einsatz, zu *best* und *worst practices*. Wir finden, ein Einstieg sollte kurz genug sein, um einerseits ausreichend zu informieren, andererseits neugierig auf mehr zu machen.

5.3 Was bedeutet das für Sie?

Wir laden Sie mit den folgenden Fragen abschließend ein, erste Schritte des Transfers in Ihre Organisation zu schaffen. Es geht weniger um die perfekt durchdachte Antwort als um das das schnelle Sammeln Ihrer Gedanken dazu.

Frage 11: Welche Beschreibungen der wichtigsten Kundensegmente haben Sie bereits verfügbar?

Frage 12: Was genau können Sie aus diesen Beschreibungen ableiten?

Frage 13: Welche Personen, die Ihre wichtigsten Kundensegmente besonders gut kennen, werden Sie einladen?

_____

_____

_____

_____

_____

Frage 15: Welche Erfahrungen haben Sie mit den Formaten, die Sie für die Präsentation Ihrer Ergebnisse nutzen wollen, gemacht?

_____

_____

_____

_____

Anstelle einer Zusammenfassung 6

Mit diesem Buch möchten wir Sie dabei unterstützen, wieder ‚vom Kunden aus‘ zu denken und Ihre guten Ideen für Ihr aktuelles und künftiges Angebot weniger von ihren *functions and features* und mehr vom potenziellen Kunden aus zu betrachten. Warum?

Weil wir glauben, dass Ihre Kunden Ihr Produkt oder Ihre Dienstleistungen gar nicht wollen. Sie wollen eine Aufgabe erledigt haben, eine ihnen wichtige Aufgabe. Um sie dabei zu unterstützen, kommt möglicherweise Ihr Angebot infrage. Möglicherweise auch nicht. Wenn Sie das *Warum* – die Motivation Ihrer Kunden zum Kauf – noch besser verstehen und sich noch genauer darauf fokussieren, sehen Sie mit deren Augen, warum sie Ihr Produkt oder Service wählen oder nicht wählten.

Weil wir glauben, dass Ihre Kunden entscheiden, wer tatsächlich Ihr Wettbewerb ist. Diese Kunden haben oft Unmengen an Möglichkeiten, um ihre Aufgaben erledigt zu bekommen – Möglichkeiten, die weit über Eigenschaften von Produkten und über Bestandteile von Dienstleistungen hinausgehen. Fragen Sie sich gerne, was für Ihre Kunden morgen besser ist als heute, und was Ihr aktuelles und künftiges Angebot dazu aktuell oder künftig beitragen kann – unabhängig von *functions and features,* die sie vielleicht nicht mal bemerken.

Weil wir glauben, dass liebgewonnene Werkzeuge wie die Persona durchaus nützlich sind, aber auch in die Irre führen können – dann, wenn Sie Informationen über Ihre Kunden so erfragen, zusammentragen und interpretieren, dass sie eher Ihrer Meinung entsprechen als dem, was Ihren Kunden wirklich wichtig ist. „Das bedeutet nicht, dass die Zeit des Bauchgefühls vorbei ist" schreibt Tim Alby zu diesem Thema, und: „Viele tolle Produkte sind auf Basis von Bauchgefühl entstanden […] aber Relevanz entsteht dadurch, dass wir wirklich verstehen, was Menschen brauchen. Zuhören ist in diesen Zeiten wichtiger denn je." (Alby 2017).

Hören wir unseren Kunden gut zu, ganz eigennützig. Wir können eine Menge lernen.

© Springer Fachmedien Wiesbaden GmbH, ein Teil von Springer Nature 2018
R. Ematinger und S. Schulze, *Produkte und Services vom Kunden aus denken,*
essentials, https://doi.org/10.1007/978-3-658-20925-4_6

Was Sie aus diesem *essential* mitnehmen können

- Ein Vorgehen, das die tatsächlich relevanten Fragen bei der Beschäftigung mit dem, *warum* Ihre Kunden tatsächlich kaufen, auf den Tisch bringt.
- Reale und aktuelle Beispiele, die Ihnen brauchbare Impulse für die ‚Übersetzung' in Ihre Realität und Multiplikation des Ansatzes geben.
- Das Customer Jobs Canvas, das Sie dabei unterstützt, mit Struktur ohne Umwege von Ihren Kunden aus zu denken, und von deren zu lösenden Aufgaben aus.
- Die von Ihren auf die Fragen in den „Was bedeutet das für Sie?"-Abschnitten notierten Antworten, die Sie beim Gelingen des Transfers in die Realität Ihrer Organisation unterstützen.

© Springer Fachmedien Wiesbaden GmbH, ein Teil von Springer Nature 2018
R. Ematinger und S. Schulze, *Produkte und Services vom Kunden aus denken*,
essentials, https://doi.org/10.1007/978-3-658-20925-4

Literatur

Alby, Tom. 2017. Warum Personas oft nicht funktionieren. www.wuv.de/marketing/
warum_personas_oft_nicht_funktionieren. Zugegriffen: 10. Dez. 2017.

Ballantyne, David, et al. 2011. Value propositions as communication practice: Taking
a wider view. In *Industrial marketing management*, Hrsg. Peter La Placa, 202–210.
Vernon: Elsevier.

Blacklane. 2017. Peace of mind. www.facebook.com/Blacklane/photos/a.406091489433732.
85526.206807989362084/1384657904910414. Zugegriffen: 10. Dez. 2017.

Bower, Joseph, und Clayton Christensen. 1995. Disruptive technologies: Catching the wave.
http://hbr.org/1995/01/disruptive-technologies-catching-the-wave. Zugegriffen: 10. Dez.
2017.

Brixy, Daniel. 2017. Wir erklären den smarten Keks für Hotels. www.youtube.com/
watch?v=qivJ7m40Lm0. Zugegriffen: 10. Dez. 2017.

Chesbrough, Henry. 2006. *Open business models – How to thrive in the new innovation
landscape*. Boston: Harvard Business School Press.

Chesbrough, Henry. 2010. Business model innovation – Opportunities and barriers. *Long
Range Planning* 43 (2–3): 354–363.

Christensen, Clayton. 1997. *The innovator's dilemma: When new technologies cause great
firms to fail*. Boston: Harvard Business Press.

Christensen, Clayton. 2007. Finding the right job for your product. http://sloanreview.mit.
edu/article/finding-the-right-job-for-your-product. Zugegriffen: 10. Dez. 2017.

Christensen, Clayton, und Michael Raynor. 2003. *The innovator's solution: Creating and
sustaining successful growth*. Boston: Harvard Business Press.

Christensen, Clayton, et al. 2016a. *Competing against luck*. New York: Harper Business.

Christensen, Clayton, et al. 2016b. Know your customers' "Jobs to Be Done". http://hbr.
org/2016/09/know-your-customers-jobs-to-be-done. Zugegriffen: 10. Dez. 2017.

Demling, Alexander. 2016. Buchtipp "Competing against Luck" – Warum der Netflix-Chef
so erfolgreich ist. www.handelsblatt.com/panorama/kultur-kunstmarkt/buchtipp-compe-
ting-against-luck-warum-der-netflix-chef-so-erfolgreich-ist/19189160.html. Zugegriffen: 10. Dez. 2017.

Der Spiegel. 2004. Nur ein Intermezzo – Hanns-Peter Cohn, 56, Vorstandschef der
Mythenmarke Leica, über den Boom und die Zukunft digitaler Fotografie. www.spie-
gel.de/spiegel/print/d-32205196.html. Zugegriffen: 10. Dez. 2017.

© Springer Fachmedien Wiesbaden GmbH, ein Teil von Springer Nature 2018
R. Ematinger und S. Schulze, *Produkte und Services vom Kunden aus denken*,
essentials, https://doi.org/10.1007/978-3-658-20925-4

Die Presse. 2015. US-Unternehmen haben kurze Lebenserwartung. http://diepresse.com/home/wirtschaft/international/4716767/USUnternehmen-haben-kurze-Lebenserwartung. Zugegriffen: 10. Dez. 2017.

Ematinger, Reinhard. 2017. *News Business Card Deck 01.* Heidelberg.

Ematinger, Reinhard. 2017. *Von der Industrie 4.0 zum Geschäftsmodell 4.0.* Wiesbaden: Springer Gabler.

Ematinger, Reinhard, und Sandra Schulze. 2012. Service Design Thinking – angewandt! Wie Organisationen mit LEGO SERIOUS PLAY® Kunden und Märkte entdecken. In *Jahrbuch der Kreativität*, Hrsg. Jürgen Preiss, 163–177. Köln: Gesellschaft für Kreativität.

Endress+Hauser. 2017. Industrie 4.0 in der Prozessindustrie. www.de.endress.com/de/medienzentrum/news-pressemitteilungen/digital-champion-2017. Zugegriffen: 10. Dez. 2017.

Eppler, Martin, et al. 2011. New business models through collaborative idea generation. In *International journal of innovation management*, Hrsg. Joseph Tidd, 1323–1341. London: Imperial College Press.

Eyal, Nir. 2014. *Hooked: How to build habit-forming products.* New York: Portfolio Penguin.

Foster, Richard, und Sarah Kaplan. 2001. *Creative destruction: Why companies that are built to last underperform the market – and how to successfully transform them.* New York: Currency.

HBS. 2017. Strategic positioning. www.isc.hbs.edu/strategy/business-strategy/Pages/strategic-positioning.aspx. Zugegriffen: 10. Dez. 2017.

Heracleous, Loizos, und Claus Jacobs. 2011. *Crafting strategy.* Cambridge: Cambridge University Press.

Klement, Alan. 2016. *When coffee and kale compete.* New York: NYC Publishing.

Knapp, Jake, et al. 2016. *Sprint: How to solve big problems and test new ideas in just five days.* New York: Simon & Schuster.

Linder, Jane, und Susan Cantrell. 2000. *Changing business models – Surveying the landscape.* Cambridge: Accenture Institute for Strategic Change.

Maurya, Ash. 2016. *Scaling lean.* New York: Portfolio Penguin.

Memmel, Martin. 2015. Mehrwert und Mehrwertgenerierung. In *Smart Data Geschäftsmodelle*, Hrsg. FZI Forschungszentrum Informatik, 7–9. Berlin.

Moleskine. 2017. Smart planner. http://de.moleskine.com/de/smart-planner-black/p0560. Zugegriffen: 10. Dez. 2017.

Mullins, John, und Randy Komisar. 2008. *Getting to plan B: Breaking through to a better business model.* Boston: Harvard Business School Press.

Nagel, Reinhart. 2007. *Lust auf Strategie – Workbook zur systemischen Strategieentwicklung.* Stuttgart: Klett-Cotta.

Nematico. 2017a. Gesicht zeigen und den Menschen hinter dem Kunden sehen. https://nematico.com/ueber-uns. Zugegriffen: 10. Dez. 2017.

Nematico. 2017b. Du bist auf der Suche nach kreativen Give-aways für deine Hotelgäste? https://nematico.com/portfolio-items/hotel. Zugegriffen: 10. Dez. 2017.

Osterwalder, Alexander, und Yves Pigneur. 2010. *Business model generation – A handbook for visionaries, game changers, and challengers.* Hoboken: Wiley.

Ries, Eric. 2017. *The lean startup way.* New York: Currency.

Ruimin, Zhang. 2015. Zhang Ruimin on Haier's Rendanheyi 2.0. www.druckerforum.org/fileadmin/user_upload/2015/files/zhang_ruimin_speech.pdf. Zugegriffen: 10. Dez. 2017.

Schmiedgen, Jan. 2011. *Innovating user value – The interrelations of business model innovation, design (thinking) and the production of meaning.* Berlin: Zeppelin University.

Schnetzler, Nadja. 2008. *Die Ideenmaschine. Methode statt Geistesblitz – wie Ideen industriell produziert werden.* Weinheim: Wiley-VCH.

Schulze, Sandra, und Reinhard Ematinger. 2013. Rethinking Design Thinking. In *Insurance & Innovation*, Hrsg. Andreas Eckstein et al, 151–162. Karlsruhe: Verlag Versicherungswirtschaft.

Schumpeter, Joseph A. 1942. *Capitalism, socialism and democracy.* New York: Harper and Brothers.

Schurenberg, Eric. 2017. What you see is *not* all there is. www.inc.com/daniel-kahneman/idea-lab-what-you-see-not-all-there-is.html. Zugegriffen: 10. Dez. 2017.

Sinek, Simon. 2017. *Find your why: A practical guide for discovering purpose for you and your team.* New York: Portfolio Penguin.

Stickdorn, Marc, und Jakob Schneider. 2010. *This is service design thinking.* Amsterdam: BIS Publishers.

Turnbull, John. 2009. *Customer value-in-experience – Theoretical foundation and research agenda.* Melbourne: Australian and New Zealand Marketing Academy Conference.

Westermann, George, et al. 2017. The digital advantage – How digital leaders outperform their peers in every industry. www.capgemini.com/wp-content/uploads/2017/07/The_Digital_Advantage__How_Digital_Leaders_Outperform_their_Peers_in_Every_Industry.pdf. Zugegriffen: 10. Dez. 2017.

Winkler, Sven. 2013. Wie schreibe ich eine User Story oder anders gefragt: Was nützt mir der Nebel? https://blog.borisgloger.com/2013/03/01/wie-schreibe-ich-eine-user-story-oder-anders-gefragt-was-nutzt-mir-der-nebel. Zugegriffen: 10. Dez. 2017.

Wirtschaftswoche. 2012. Kodak meldet Insolvenz an. www.wiwo.de/unternehmen/dienstleister/pleite-kodak-meldet-insolvenz-an/6083792.html. Zugegriffen: 10. Dez. 2017.

Printed in the United States
By Bookmasters